全国教育科学"十三五"规划2017年度教育部重点课题
"借鉴IBDP课程结构，完善校本课程体系"
（课题批准号DHA170417）之研究成果

以深度学习为中心的
课程框架

徐向东 著

上海交通大学出版社
SHANGHAI JIAO TONG UNIVERSITY PRESS

内容提要

　　本书围绕以深度学习为中心的 L‑IBDP 课程的研究与实践展开,其主要内容包括该课程的主要背景、核心理念、整体框架、实践推进、学科体系、评价体系及运行机制。本书有助于中小学校领导和一线教师探究如何破解课程建设难题,也供关心教育国际化问题、研究高中教育改革实践的广大读者知悉和批评。

图书在版编目(CIP)数据

　　以深度学习为中心的课程框架 / 徐向东著. —上海:
上海交通大学出版社,2022.1
　　ISBN 978‑7‑313‑25918‑9

　　Ⅰ. ①以… 　Ⅱ. ①徐… 　Ⅲ. ①中学—国际教育—课程
—教学研究　 Ⅳ. ①G632.3

　　中国版本图书馆 CIP 数据核字(2021)第 233058 号

以深度学习为中心的课程框架
YI SHENDU XUEXI WEI ZHONGXIN DE KECHENG KUANGJIA

著　　者:	徐向东		
出版发行:	上海交通大学出版社	地　　址:	上海市番禺路 951 号
邮政编码:	200030	电　　话:	021‑64071208
印　　制:	上海景条印刷有限公司	经　　销:	全国新华书店
开　　本:	880 mm×1230 mm　1/32	印　　张:	6.875
字　　数:	159 千字		
版　　次:	2022 年 1 月第 1 版	印　　次:	2022 年 1 月第 1 次印刷
书　　号:	ISBN 978‑7‑313‑25918‑9		
定　　价:	39.00 元		

前　言

　　上海交通大学附属中学立足本土,吸取 IBDP 课程精髓,着力构建以深度学习为中心的 L－IBDP 校本课程框架。该课程兼具完整性与现代性、生命力与竞争力,致力于成为面向世界、具有中国特色的课程体系,践行着上海交通大学附属中学不断以研促思、以思促行,以实现新时代人才培养目标为己任,有力引领全国高中课程改革的誓愿。

　　国际文凭(IB)课程不是建立在某一主权国家的教育模式上,而是广泛吸取世界各国教育理念的精华,整合世界各国的课程优势于一体。它既具有与各国主流教育课程体系之间的兼容性,又有自己教育理念发展下的独特性。其中,国际文凭高中项目(IBDP)课程是 L－IBDP 课程的早期靶向,它最早由国际文凭组织(IBO)于1968 年开始实施,起初专为外交官子女设计,也是国际学校高中阶段课程中最早设立的、发展最成熟的课程。当前,IBDP 课程针对 16～19 岁学生,旨在为国际流动学生设立一个共同的课程,以便他们从一个国家转学到另一个国家,并获得世界各国大学的认可。IBDP 课程的教育宗旨是终身教育,倡导对不同文化的理解和尊重,致力于培养酷爱探究、知识渊博、有人道主义情怀的青年,使他们成为终身学习、全面发展的人和有社会责任感的公民,共同创造一个更加美好和平的世界。

上海交通大学附属中学 L－IBDP 课程实现了对于 IBDP 课程理念的更新和超越，创造性地提出以学习（L）为中心，全面支撑学生智力、情感、个人发展、社会服务能力发展，帮助学生全面获得学习、工作、生活的综合能力，以此奠定课程设计与实施的总体方向。

项目研究过程主要分为三个阶段：第一阶段主要通过文献阅读讨论"IBDP 课程何以引入"，分析引入 IBDP 课程的必要性和可行性；第二阶段通过项目组论证和专家指导解决"L－IBDP 课程如何构建"的问题，明确研究内容与框架，理顺研究思路；第三阶段通过行动研究完善 L－IBDP 课程的理论和实践体系，并逐步推广研究成果与经验。

研究前期，上海交通大学附属中学项目组成员认真检索和分析了大量文献、资料，包括但不限于期刊论文、学位论文、学术专著，以及与本研究相关的政府政策公文、IBO 官方公开信息等，系统梳理了国家相关政策、IB 教育哲学、学科课程理念、学科设置及评价方式等方面的内容，为之后校本化实践做铺垫。通过对资料的梳理，明晰当前我国高中教育改革的宏观背景与 IBDP 教育理念，通过对两者的深度把握，理解 IB 国际课程能够在不同国家和地区广泛开展主要源于其课程体系的高度灵活性，并发现 IBDP 课程的培养目标与我国基础教育课程改革推行的素质教育理念相吻合，其核心理念和实施策略，能够与上海交通大学附属中学的办学理念、特色、师资配置相结合，符合本校学生的需求。

通过相关文献分析，从国内已有 IB 课程的引入获得了一些启示，然而，IB 课程结构往往未能实现有效的本土化改造，与中国国情、传统课程优势及学生特点结合不紧密，这些课程多起到局部的补充作用，距离真正有效借鉴、迁移、转化、应用到学校课程建设和教学实践中尚有较大差距，未能实现提高学生综合素养、丰富教育资源、提高教学质量、促进学校内涵发展的目标。对此，需要进一步创新 IB 国际课程体系，兼顾国家课程的深度和 IB 国际课程学科设置的广度，开发出具备我国鲜明特征的国际融合课程项目，探索最为适切的国际课程本土化实践道路。

在研究过程中，项目组对标国家课程要求，进一步结合 IBDP 课程体系与学校办学理念，形成 L-IBDP 课程的育人目标与课程理念，借鉴"认识论（TOK）"中知识建构理论和对知识的哲学思考，完善本校"科技理工素养（STEM）"的培养方法；将"拓展论文（EE）"的体系化思考与论证应用于学校"课题式综合学习与实践"；参考"创新、活动、服务（CAS）"的实践性学习方法，并与"生涯与职业规划"校本课程嫁接。以上构成了 L-IBDP 课程的"三大核心"，共同提亮国家课程中的综合实践活动。在研究过程中，关注学生核心素养，基于科学与技术的内生关联性，将两者融合统一，形成"六个学科领域"，与"三大核心"相辅相成，进而创造性地将国家八大课程领域与 IBDP 的课程框架相整合，形成 L-IBDP 校本课程模型。

基于该模型，通过行动研究法持续开发与循证 L-IBDP 课程体系，加紧完善课程规划设计，将 L-IBDP 课程融入学校整体的课程安排，紧扣课程目标设计、课程内容，以总体目标为引领，明确各个阶段目标，在实施中着力体现"推陈出新""疑而能问""融会贯通""高瞻远瞩""群策群力"五个方面的特点。采用情景脉络的课程评价观和开放性课程评价框架，评估 L-IBDP 课程对学生知识、能力、品质等方面的发展带来的影响，建立并完善评价反馈机制。在此过程中，利用配套的运行机制支持课程开展，如选课制、学分制、导师制等，探索变革传统教学方式，改变课堂教学生态的新思路。通过实践检验课程体系的科学性与有效性，在课程推进中完善体系,在行动研究中提炼经验,最终实现 L-IBDP 课程体系与全校整体课程教学改革融为一体。

可以说,L-IBDP 是在充分落实国家育人要求的基础上,汲取IBDP 课程的精髓,同时结合学校课程优势,为学生搭建起综合学习、全面发展的桥梁,从而实现学生品质、学力、体魄、个性等的多维成长,育人效果有效提升。

本书力图真实还原上海交通大学附属中学 L-IBDP 课程的研究与实践过程,包括其课程背景、课程理念、课程框架、课程实施、课程体系、课程评价体系及运行机制。其中,课程背景包括课程所处的宏观、中观和微观情境;课程理念包括课程的旨趣和课程的整体特点;课程框架阐释了基于目标达成的框架建构和内容生成;课程实施主要是课程如何实践推进,包括改变课堂教学生态、开展课题式综合探究等;课程体系体现了多学科的整合,包括语言与交流、科学与技术、数学与逻辑、艺术与欣赏、体育与健康、社会与人文六大领域;课程评价体系主要包括评价的原则、评价的方法以及评价保障机制;课程运行机制主要包括选课制、学分制、导师制、项目制四大机制。

时代前进的步伐不会停歇,国家、社会和家庭对学校人才培养的要求亦将不断提高。作为新型国际课程本土化的典范,L-IBDP同样需要继续完善和优化,不断追求新的发展。上海交通大学附属中学 L-IBDP 在彰显优势、保持特色的同时,要勇担辐射和引领全国高中课程改革实践的重任,源源不断地为国家和民族输送更为优秀的高素质人才。

目　录

第一章

课程情境：L‒IBDP 课程的背景

课程作为育人核心载体，在人才培养中发挥着重要作用。随着时代转型，教育亟待实现从传统知识传授向创新人才培养的转变。围绕"培养什么人、怎样培养人、为谁培养人"的教育命题，响应政策号召，坚持特色办学，全方位推进学校课程改革，是学校发展素质教育的重要途径。

第一节　登高望远，把握时代脉搏

当今时代的世界格局充满复杂性、不确定性。中国教育面临来自多元文化、知识经济、科技革命等方面的严峻挑战，愈发激烈的国际竞争呼唤具备批判思维、创造能力、多元文化理解力和责任意识的新型国际人才。

上海理应积极走在这场改革的最前线，以开放的姿态，博采众长。这就需要我们准确把握时代方向，推动育人模式创新；牢牢抓住关键点，推进学校课程规划实施；精准找到突破点，构建创新人才早期培养支持系统；正确找到切入点，借鉴吸收国际课程建设经验。唯如此，我们的人才培养才能符合创新型国家发展的需要，才能有力推动学习型社会的构建。

一、我国所处时代方位的变革

在鲜明的时代背景、复杂的世界格局下,人才培养需要高站位、大格局。多元文化、新型国际关系背景和信息化、学习型社会对新型人才的需要愈加迫切。塑造智慧人才、复合人才是学校教育顺应时代洪流、紧跟社会变迁的应然之举。

(一)多元文化理解是培养国际化人才的要求

在全球化大背景下,唯有了解国情、了解世界才能有开阔的视野、宽广的胸怀和远大的理想。换言之,国际化已成为度量人才的核心标准。《上海市中长期教育改革和发展规划纲要(2010—2020年)》指出"加强国际理解教育,培养具有国际视野、知晓国际规则并能参与国际交流的国际化人才"。国际化人才必须具备四个鲜明特征:具有国际视野,熟悉国际规则,能够参与国际事务与国际竞争,具备专业知识和交流能力。

它向每一位教育工作者传达了这一信息:需要通过课程建设与课堂教学让学生近距离感受多元文化,丰富自身认知与情感,尊重、理解、包容异文化。对此,需要借鉴优秀国际课程、融入校本课程建设,推进多元文化理解教育。这一过程同时蕴含着传承我国传统文化精髓、引领正确的意识形态和价值观,从而培养具有中国根基的国际化人才的深远目标。

(二)新型国际关系背景下的学生需有家国情怀

国际局面进入新的历史时期,人类面对诸多机遇与挑战,只有当全世界的力量形成合力,才能很好地趋利避害。任何类型和级别的教育机构都应当引导学生树立人类命运共同体这一全球价值观。共同体意识中包含着家国情怀,两者休戚与共,又各有侧重。相对而言,家国情怀实际上是由己及家、由家及国、家国一体的思想理念和精神追求,更强调学生对自己国家高度的认同感、归属感、使命感和责任感。自古以来,仁人志士的宏愿就是以正心诚意、修身齐家为基础,以治国平天下为旨归,把远大理想与个人报复、家国情怀与人生追求融合为一。

和平年代,爱国是建筑中国梦的基石。要把青少年真正培养成堪当中华民族复兴大业的国家栋梁,就要从家国情怀中寻找源头。如果忽视"培养什么样的人"这一问题,容易造成教育阶段性的急功近利,导致教育的目标是分散的、短浅的。所以家国情怀的培养应该贯穿学校教育始终,让学生们深刻意识到个人与国家的命运是紧紧联系在一起的。上海交通大学附属中学之所以强调家国情怀,正是期望把所有学生培养成为怀揣赤子之心、勇担社会责任、自觉为国发声的国际化人才。

(三) 信息化时代重新定义知识的内涵与价值

21 世纪是"信息爆炸""知识爆炸"的时代,知识与技术的更新、迭代、传播呈几何式增长,任何个体的时间和精力在广袤的知识面前都变得更加微小。在此背景下,知识的内涵和价值亟待反思。在知识经济时代,知识本身不再为个体所独占,其价值也不再是简单的获利工具,而是需要通过整合、转化和创新,不断创造新的价值与意义。

学校教育的功能之一,便是要在有限的时间内帮助每一位学生掌握更有价值的知识,这其中既包含着知识能力和思维水平的提高,也蕴含着人格、情感、价值观的升华。信息化时代要求学校的课程和教学做好转型,学生的学力培养不仅仅是知识的习得与再现,还必须注重能动的高阶认知能力以及沟通、协作等社会技能的培养。而学校课程的一个关键课题,不在于习得孤寡的、碎片的、僵化的、垄断的知识,而在于建构通用的、综合的、无界的、分享的知识。①

(四) 学习型社会亟待学习方法与形式的创新

多数研究认为,终身学习、学习型社会理念早在 20 世纪 60 年代便已诞生。然而时至今日,关于如何真正建设"人人皆学、处处能学、时时可学"的学习型社会与终身教育体系,依然是人类共同面对的重大课题。学习和教育唯有贯穿生涯、生成自觉的生活习惯和生活方式,我们才能适应充满变化的当代社会,更好地实现人类不断发展的内在需求。终身学习突破了传统教育的时空界限,重视学习资源、学习途径、学习内容的开放、灵活与统整。

作为终身学习的奠基部分和重要组成,学校教育更要注重培养学生终身学习的观念,采取混合式学习(慕课、翻转课堂)、泛在学习、体验学习等方式全面提高学生在信息综合、自主探究等方面的能力。

学校课程当不局限于传统学科和科目,而应积极扩展知识领域、强化实践应用、发展学生多种技能。同时,打破以课堂为中心的学习空间,开辟实践基地,并综合线上学习、混合式学习等方式,让学生知道知识无处不在,学习随时随地都可以发生。

二、教育现代化带来机遇与挑战

实现教育现代化是今后十五年里我国教育发展的重要命题,

---

① 钟启泉.课堂转型[M].上海:华东师范大学出版社,2018:7.

机遇与挑战并存，坚守与改变同在。创新型人才的培养冲击着传统的教育模式，多元开放的教育生态亟须学校教育体系转型，完整的人的教育呼唤科学与人文教育的有效融合，抓住机遇、直面挑战，现代化的教育终将实现。

（一）创新型人才培养倒逼教育模式反思

我们正在经历一个全球化时代、信息化时代、知识经济时代，时代特征决定了现代化教育需要学生拥有丰富的知识和技能、全面的能力和素养。面向新世纪，面对越来越激烈的国际竞争格局，《中国教育现代化 2035》将培养与提升一流人才创新能力作为重要战略任务，指出"一流的人才培养与创新能力是衡量教育现代化水平的重要标准"，明确"加强创新人才特别是拔尖创新人才的培养，加大应用型、复合型、技术技能型人才培养比重""建设一批国际一流的国家科技创新基地"等。《加快推进教育现代化实施方案（2018—2022 年）》同样指出"将创新意识、创新思维、创新能力教育贯穿于人才培养全过程，培养造就更好适应和引领创新发展的各类人才"。以上政策为我国学生创新水平跃升提供了方向指引。

我们的学生往往存在着人生发展方向迷茫、创新意识淡薄、创造力匮乏等问题，积极构建创新人才早期培养体系具有重要的育人价值和现实意义。这就需要学校教育首先改变教育思想和教育理念，带动课程、教材、课程体系、教师教学方法和学生培养模式的转变；通过课程设置、教师团队、资源配置、管理制度、展示平台等的建设全方位支持学生的创造性探索和实践。在中学阶段发现和发展学生的创新潜质，培养具有高度社会责任感、有创新精神和实践能力的年轻一代，既符合学生未来持续发展的需要，也符合创新型国家发展的需要。

（二）学校教育体系面临多元开放挑战

教育现代化是教育高水平的发展状态，同时也是随着时代的发展和实践的深化不断发展、与时俱进的过程。在多元文化、信息化、全球化的时代背景下，教育面临诸多新的挑战：国际竞争愈发激烈、"互联网＋"时代促成教育生态的改变、国际化对人才培养提出更高要求，这都需要我国教育以更开放的机制、体制积极面对，以培养高水平、高质量的人才，提升我国教育的世界影响力。《教育部等八部门关于加快和扩大新时代教育对外开放的意见》指出主动加强同世界各国的互鉴、互容、互通，把通过教育对外开放培养具有全球竞争力的人才摆在重要位置。教育体系走向开放，需要在发挥政府主导作用的同时，充分调动全社会力量，加强学校、社会、家庭相互配合，多形式多途径参与、支持教育现代化建设，共同开创新时代教育现代化建设新局面。

学校教育是开放的系统，不应该在完全封闭的状态中寻求自我发展。传统的学校教育体系提供的标准化的、以知识传递为目的的教育已不能满足学生对优质、灵活、个性化的终身学习的要求。所以要充分结合全社会蕴含的丰富教育资源，通过技术融合、校际交流、家校合作等方式，构建适应学生核心素养发展的学校教育体系。在动态、复杂、开放、共享的学校教育体系中，培养学生创造、交流、思考、合作的能力。

（三）科学教育与人文教育亟待整合

随着科学技术突飞猛进和知识经济时代的到来，社会对人才的知识结构提出新的要求。知识经济时代核心要素是知识，需要学科在高度分化的基础上高度综合，反映到教育上就是科学教育与人文教育的融合。这是现代社会发展的必然要求，是人才培养的必然趋势,也是现代教育改革的重要内容。科学教育传授科学技术知识,注重培养科学精神和开发智力;人文教育旨在改造人的精神世界,注重人性的养成和人格的塑造。两者从不同的角度完善教育,不可分割。《中国教育现代化 2035》强调德育为先,"不断提高学生思想水平、政治觉悟、道德品质、文化素养",可以说加强文化素质教育是参与国际竞争、迎接知识经济挑战的需要,是培养全面发展人才的出发点和归宿。

传统学校教育不合理的学科知识配置与文理分割,易使学生产生功利主义的学习倾向,不利于学生成为当代社会所需的复合型人才。要克服学生科学与人文思维分裂的缺陷,培养学生的创新意识,改变目前学生能力发展不健全的现象,就必须构建合理的课程体系,优化课程结构,营造文理交叉的学习氛围,实现科学精神和人文精神的持续整合。从而克服重知识传授、轻素质提高的倾向,培养学生成人成才,实现全面和谐的发展。

因此,学校教育在致力于对学生现代科学思想、科学态度、科学知识的学习和培养的同时,要让学生根植于民族文化的深厚积淀之中,培养同时具备科学素质和人文素质的人才。为此,学校要发现学科课程对提升学生科学素养、人文素养功能的价值,在教育思想、教育方式、课程编排上做到两者互融;因地制宜地创新两者相互融合的途径和方法,将人文精神渗透到科学教育中,将科学方法渗透到人文教育中。这也是在促进教师科学造诣、人文素养、道德修养的提高。帮助在学生获得丰富的知识与技能的同时,形成正确的人生观、道德观、价值观,实现求真、求善、求美的和谐统一。

三、高中育人目标与育人方式转变

呈现高中人才培养的新局面,要牢牢把握关键点。重视学生全面发展与个性化发展互补、创新思维和问题解决能力的成长,关注学习过程带给学生的体验以及自主学习的态度和方法,才是实现学生可持续发展的良方。

(一) 全面发展与个性化发展互为裨益

全面发展是对人素质定位的基本准则,其五育就像构成木桶的木板,任何一项缺失都会制约学生成才。学校育人要强化综合素质培养,统筹课堂学习和课外实践,综合加强德育、智育、体育、美育、劳动教育。《中国学生发展核心素养》指出,全面发展的人包括三方面:文化基础、自主发展和社会参与。文化基础包括人文底蕴和科学精神;自主发展包括利用信息和健康生活;社会参与包括责任担当和实践创新。个性化发展是创新型人才培养的关键,按照一套知识、技能、素养的模板,难以发展学生潜能,更违背了"以人为本"的教育理念。[①]

《国家中长期教育改革和发展规划纲要(2010—2020 年)》指出"坚持全面发展与个性化发展的统一"。可以说,"个性化发展"与"人的全面发展"互为充要,学校教育需要承认差异、重视个性,让每个学生找到自身才能发展的独特领域,从而发展个性、健全人格。

(二) 注重创新思维和问题解决能力发展

以知识灌输为特点的传统课堂,忽视了学生的个性特点和问题解决能力的培养。掌握基本知识与基本技能不是唯一的教育目标,死记硬背获得的零散知识远不能使学生的认知水平有质的飞跃。

---

① 核心素养研究课题组.中国学生发展核心素养[J].中国教育学刊,2016(10):1-3.

《新时代推进普通高中育人方式改革的指导意见》在考试命题改革中指出"重点考查学生运用所学知识分析问题和解决问题的能力。创新试题形式，加强情境设计，注重联系社会生活实际，增加综合性、开放性、应用性、探究性试题"，这就需要学校在教学过程中将学生的思维发展置于教学目标的前列，注重学思结合，培养拥有"主体性觉悟"的探究者，而不是知识的"记忆者"。这就需要教师在教学中创设情境、制造矛盾、启发设疑，让学生通过批判、迁移、探究实现知识的应用与再创造，逐渐建构和完善自己的知识体系。在这个过程中，学生思维的系统性、批判性、创造性、灵活性得到发展，学习能力才能得到提升。

（三）关注和挖掘学习过程本身的价值

传统课程评价过于强调甄别选拔功能，忽视以学生学习为中心的原则。学习是一个复杂的信息加工过程，而终结性评价易导致学习功利化、学习态度消极、学习目标模糊等问题，并没有使学习真正发生。《新时代推进普通高中育人方式改革的指导意见》指出"积极探索基于情境、问题导向的互动式、启发式、探究式、体验式等课堂教学，注重加强课题研究、项目设计、研究性学习等跨学科综合性教学，认真开展验证性实验和探究性实验教学""适当增加探究性、实践性、综合性作业"等，便是充分肯定了教育过程的价值。

这就要求学校摒弃应试教育下唯分数、唯结果的错误评价方法，改革教学评价模式。包括扩充评价对象、评价指标多元化，注重过程性评价，如建立学生成长档案袋，重视量化与质性评价方法的结合等。这样才能关注到学生的学习过程，促进教育评价功能的转变，促进师生主动、可持续的发展。

（四）激励学生形成自主学习的态度与方法

在应试教育体制下,教师把整个知识体系分成一个个小知识点反复讲解,学生通过大量习题和考试完成对知识点的掌握;教学过程中强调接受学习、死记硬背、机械训练,这种灌输式的学习方式无视学生的主体性、能动性、潜能性。在被动式学习的过程中,教师的单向传授不过是碎片化的知识传递而已,学生没有自己的思维参与过程,没有知识的建构与整合过程。这就造成我们的学生缺乏思辨与创新能力,而主动学习能力、创新精神与实践能力恰恰是素质教育的要求和目标。这就需要学校引导学生学习方式的转变,《国家中长期教育改革和发展规划纲要(2010—2020年)》指出"倡导启发式、探究式、讨论式、参与式教学,帮助学生学会学习。激发学生的好奇心,培养学生的兴趣爱好,营造独立思考、自由探索、勇于创新的良好环境"。

我国将学会学习作为学生培养的六大核心素养之一,强调"具有浓厚的学习兴趣和积极的学习态度,掌握适合自身的学习方法,能自主学习,具有终身学习的意识和能力"。[①] 所以学校要注重学生自主学习观的养成,倡导学生主动参与、勤于动手;培养学生的问题意识、收集和处理信息的能力、分析和解决问题的能力及交流与合作能力。

四、海派教育特色的传承与发展

在西方文化的影响下,上海本土文化内生成了"海派文化","海派文化"在形成过程中又造就了"海派教育"。上海在近代都市化过程中,办学紧跟社会发展需要,思想解放,流派纷呈,形式多

---

① 核心素养研究课题组.中国学生发展核心素养[J].中国教育学刊,2016(10):1-3.

样……因此在发展过程中以其实用性、开放性、灵活性、先导性的特色成为"海派教育"的典型代表，为中国教育的近代化打开一扇窗户。①

(一) 开放性与融合性

实施现代教育以来，上海一直走在全国教育改革的前列。教育的每一次变革，都伴随着观念和思想的重新调整、建设和启蒙。而上海，每每在教育变革的关键时期，都能提出反映大势的教育思想和理论，成为教育创新的策源地。《上海市中长期教育改革和发展规划纲要（2010—2020年）》指出未来上海教育改革和发展要把"为了每一个学生的终身发展"作为核心理念。为把上海建成国际教育交流中心城市，上海一直在扩大教育对外开放实验，积极建立教育国际交流和合作新机制，探索学习国外优质教育资源新模式。

(二) 时代性与创新性

面对国际国内新形势和时代需求，为率先实现教育现代化，《上海市教育改革和发展"十三五"规划》指出以提高教育质量为重点，促进各级各类教育科学发展、内涵发展，"创新教材编写与教学资源建设机制，鼓励教学创新，强化教学过程的实践性和体验性。全面实行基于课程标准的教学和评价，健全教育质量综合评价体系，优化教育生态""支持高中与高校、科研院所合作，共同开发创新课程，共享利用创新实验设施，合力培养拔尖创新型人才"。

上海正在全面建设"四个中心"和实施社会主义国际化大都市战略，需要吸收优质教育资源，在借鉴成熟的国际课程开发与实施

---

① 李本友.由近代上海看"海派教育"的特色及其形成[D].上海：华东师范大学，2001.

经验的同时,开发具有中国特色的国际课程。提升我国基础教育的国际化水平,从而提供更强大的人才支撑和智力支持。

(三) 特色性与多元性

《上海教育史》中用四句话概括上海教育历史的特点:上海教育是教育改革的先行者,是教育思想的策源地,是教育探索的园地,是教育交流的窗口,形成了善于学习、兼容并包、务实求效、求新求变的精神特色。[①] 在历史上,海派文化处在不同文化的接壤、交汇、融合之地,相对宽松的社会环境成为新教育思想和教育新事物产生和生存的理想土壤。

上海文化是具有鲜明个性的文化,其核心在于包容和多元。这种文化特质表现在教育上,促使上海成为中国现代教育的领跑者。上海一直将目光投向世界,观察世界教育的新趋势,吸取优秀经验,坚定地走教育开放道路,提升上海教育整体水平。

第二节　知行合一,探明实践路径

上海交通大学附属中学一直以学生发展为本,与时俱进,兼容并蓄。面对教育国际化、信息化和现代化的时代背景,学校在发展方向与愿景、课程框架体系建设、育人理念与目标、人才培养模式等方面进行了有效探索。并且十分注重与国际上其他学校的交流,持续更新教育教学理念,构建科学民主的管理模式,加快教育信息化建设步伐。

作为实验性示范性高中,上海交通大学附属中学不仅创造性

---

① 杜成宪.上海教育史[M].上海:上海教育出版社,2019.

实施新课程，还综合开发学校课程，进行校本教研的研究与实践。上海交通大学附属中学一直在为提升上海基础教育的整体水平、带动高中教育的整体发展与提高以及推动高中教育向教育现代化加速前进不断努力。

一、办学理念和育人目标

上海交通大学附属中学作为实验性示范性高中以其深厚的办学理念和鲜明的育人目标严谨而开放地办学，为社会输送不计其数的优秀学子。一直秉承着"求实、求高、求新"办学传统的同时，形成独树一帜的办学特色。革故鼎新、兼容并包的精神让上海交通大学附属中学在六十七载光阴里熠熠生辉。

(一) 办学理念

上海交通大学附属中学的办学理念是"思源致远、创生卓越"。

"思源致远、创生卓越"包含以下方面的含义：① 思成长之源，这就是饮水思源，以感恩之心领悟殷切期望，回报家国恩情，生发新的活力。② 致理想之远，这就是志向远大，以坚韧不拔的毅力、不断创生的实力迈向卓越，激发创新智慧。③ "创生"指学校成员用心交往、主动开拓，投入相互激发生命活力、逐步生发卓越品质的过程中。④ "卓越"融合了追求远大志向的豪迈气势和善于厚积薄发的生命智慧，这种"卓越"品质正是在"思源"和"致远"之路上不断"创生"而来的。

感恩教育是"思源致远"的重要内容之一，是培养孩子责任感和自立意识的重要基础，是充满人情味、富有生命力的教育。如今的生活环境促成许多孩子以自我为中心的心态和习惯，权利无限，义务是零。在青少年成长过程中，要让他们知感恩、知奉献、知回报、知责任，就需要家庭、学校和社会共同努力，最终将他们培养成为祖国发展贡献智慧与力量的人才。

理想作为"创生卓越"的前行方向和动力，在青少年成长之路上尤为重要，它对青少年锻造意志品质和激发内在潜能起着重要作用。上海交通大学附属中学高度重视学生对理想信念的选择和确立，培养学生健全的人格和宽广的视野；引导青少年在实现个人理想的过程中，不断地与社会理想相结合，谱写属于自己的青春激昂奋斗的故事，将未来的人生道路越走越广。

（二）育人目标

上海交通大学附属中学的育人目标：培养具备深厚学养、远大志向、坚强毅力和创新智慧的卓越青年。这一目标与当今时代背景下对未来人才的要求一致：多元文化需要我们的学生博学多识，具有国际视野与家国情怀；信息化时代拓展了教育的时空，需要我们的师生转变学习观念和方式；学习型社会需要我们的学生成为自主学习、可持续发展的终身学习者。这一目标也与教育现代化对人才培养的要求相适应，现代化社会需要德才兼备、全面发展、有创新精神和实践能力的人才。

上海交通大学附属中学的培养目标体现了本校办学的育人方式——自主探索、相互激发。让每个高中生运用日趋成熟的自我意识来主动求索，并在真实的交往中相互激发求索新知的欲望。通过"自主探索、相互激发"的育人方式，个体优秀品质和群体卓越文化可以自觉生成，学生的内在实力和外显成就可以自主创生。

（三）办学传统

上海交通大学附属中学是由上海市教委和上海交通大学双重

领导的市重点寄宿制高级中学。上海交通大学附属中学延续上海交通大学校训"饮水思源，爱国荣校"。2005 年，学校被正式命名为首批"上海市实验性示范性高中"。

作为理工科特色高中，上海交通大学附属中学一直秉承着"求实、求高、求新"的办学传统和"依托交大、内实外名"的办学策略。"求实"，让我们的学生以扎实功底为基础生成创新素养，创造青春辉煌；"求高"，让我们的教师在相互合作中尽展才华，创造并享受高品质的教育生活；"求新"，让全校师生在主动创新的氛围下，砥砺前行，不断开发新的资源，开阔新的视野，促进学校实现新的发展。上海交通大学附属中学一直把内涵发展作为学校发展的内部推动力，充分利用上海交通大学附属中学独有的资源优势，为学生和教师提供更实、更高、更新的发展平台，在积累深厚文化底蕴的同时，逐步创生实力、创生卓越。

从"实""高""新"的角度看，教师踏实的教风和学生踏实的学风已经形成，学校教育教学始终在高效优质的平台上进行，在校教师和学生的创新能力得到极大的增强，在国际、国家级创新大赛上屡获奖项。作为上海市首批实验性示范性高中，上海交通大学附属中学在基础教育界的实验性示范性作用日益凸显，学校优质教育资源辐射已经赢得社会的赞誉。

(四) 办学特色

上海交通大学附属中学的办学特色集中体现在与高水平院校深度合作、国际交流活动丰富多彩、育人模式特色多元、尤为注重创新人才培养等四个方面。这些特色有力助推上海交通大学附属中学的学生以国际视野接轨世界，以创新品质在浩瀚的知识海洋里扬帆。

1. 与高水平院校深度合作

基于为国育才的教育共识和以"科技教育"为特色的共同目标,上海交通大学附属中学与上海交通大学全面合作,共享资源,共建课程,共同授课。两校不仅先后设置了虚拟课程和先修课程,而且还创立了"两个虚拟教研组""六个实验班"和"八个课程中心"。通过举办个体咨询、沙龙研讨、大型讲座报告等活动,全面提高教育教学质量。依靠上海交通大学优质的教育教学资源,不断增强学校现代技术、信息技术、文献资源、实验环境、教辅服务等方面的优势。

同时,上海交通大学附属中学与大学深度合作开展创新人才的教育实践。2009 年 9 月与上海交通大学联手创建了"拔尖创新人才培养基地",2014 年开设同济大学"苗圃计划课程班"、上海财经大学虚拟班,揭开了"联手高校,创新育才"的创新型人才培养新篇章,2019 年开设由知名高校专家主讲学科前沿领域内容的"学科活动周"。近年来,与高校合作开展的"科创交中杯"科技创新大赛更是极大鼓舞了学生勇于创新,实现科创之梦。

2. 丰富的国际交流活动

上海交通大学附属中学的民族教育和国际化办学持续稳定发展,成绩斐然。先后与美、德、法、日、韩、新加坡、澳大利亚等国家或地区的学校结为友好学校,每年有众多师生互访。2011 年学校主动开辟国际化办学的新格局,率先引进 IBDP 课程且进行本土化改造,为上海交通大学附属中学的发展引入鲜活的教育理念和实践模式。

3. 特色化育人模式

育人模式的转变是教育改革和高中课程改革的重中之重。上海交通大学附属中学一直致力于全面提高教育教学质量,着眼于对学生综合素质的培养。上海交通大学附属中学的课程分为基础必修课、拓展选修课、综合研究课三种。构建以科技理工素养、创意活动服务、生涯发展规划紧密围绕学校育人方式的多层次、立体化课程体系。学校积极探索慕课、STEM课程、大学先修课程、生涯发展规划、综合课程与社会实践等特色课程，以确保所有拥有不同天赋、不同兴趣的学生获得个性化发展，激发其创新意识。通过多元化、个性化的教育教学方式，满足学生的个性需求，提高学生的综合素养和创新实践能力，为应对未来挑战做好准备。

4. 理工科特色高中，注重创新人才的培养

上海交通大学附属中学在创新人才培养中具有独特使命，作为理工科特色高中，学校的培养目标、课程体系、教学方法、评价体系都将学生的创新意识和创造力放在突出位置，不断完善创新人才培养机制。上海交通大学附属中学已与上海交通大学合作创设"科技实验班"，选拔一批创新潜质突出、具有特长的学生作为创新人才重点培养对象，与上海交通大学合作进行对口培养。

二、战略目标与发展策略

面对变化的环境，战略目标是支持上海交通大学附属中学继续成长和发展的阶梯；发展策略是上海交通大学附属中学实现资源优化、加强竞争力的指南。上海交通大学附属中学要继续深化课程体系建设、创新人才培养模式、优化教师教学、完善学校管理的制度和方法。

（一）战略目标

从长期发展来看，上海交通大学附属中学发展总目标保持不变：建设现代教育领先，特色鲜明，国内著名、国际知名的实验性

示范性高中。高中教育是基础教育的一个重要阶段,示范性高中在引入先进教育理念、加强教育教学改革、教育科学研究等方面对其他普通高中起示范作用,为其他高中展示发展的路径。

示范性高中课程改革涉及教学内容、教学方式、评价方式等领域,通过有效的交流和学习,国际课程可以对我国高中课程产生有益影响。示范性高中办学国际化以国际型人才的培养为目标,是顺应时代发展趋势、符合教育现代化内涵要求的举措。通过将优秀国际课程的各种因素融入学校生活中,可以更好地实现自我实力的提升和人才培养目标。

从中期目标来看,学校致力于加强课程体系建设、创新人才培养模式,形成"卓越教育"特色。课程建设是一项整体性教学改革和建设工作,是学校提高人才培养质量和整体教学水平的重要举措:人才培养方面,注重创新思维能力和国际竞争力的培育,使学生的才能和品性共同发展;教师教学方面,调整和优化教学内容、教学方法、教学评价、课堂管理,有效提升教学质量、促进教师专业成长;学校管理方面,加强组织领导与中外学校交流,以完善管理的制度与方法,进一步增强学校领导力和竞争力。

上海交通大学附属中学要深化对办学理念的理解,充分利用前一轮规划的实施成果及新的发展平台,创新管理机制,让已有的办学传统生发出与时俱进的新活力。着眼培养早期创新人才,形成本校的"卓越教育"特色;进一步开发和整合发展资源,在学校管理、教师发展、课程建设、教学改革和德育创新等领域积极探索,使每位学生获得"卓越发展"。

(二) 发展策略

上海交通大学附属中学的发展策略主要包括彰显办学特色、

激发内生活力和优化教育生态三部分。从理念到机制、从制度到环境形成学生乐学、教师善教的文化氛围,体现上海交通大学附属中学办学实践的规范性、系统性、创新性;实现集社会、社区、家长之能,合力共建课程体系的局面。

1. 彰显办学特色

上海交通大学附属中学需要进一步践行"思源致远,创生卓越"的办学理念,切实促进学校课程、教学、德育等方面的改革,促进每一位学校成员的卓越发展。在此过程中,创新与高校的合作模式、扩大教育教学国际交流、继续完善特色化育人模式;整合并优化教育资源,激发领导、教师和学生追求卓越的内生活力。逐步创生标志性的品牌作品和发展成果,共同创造更为鲜明的上海交通大学附属中学办学特色。

2. 激发内生活力

注重以人为本,充分发挥上海交通大学附属中学成员在学校事务中的主体作用;积极推进项目制管理,集思广益,修订、完善已有制度,在各项工作有章可循的基础上,通过公平竞争激发领导和师生的创新潜能,形成更加规范的运行体制和更具活力的激励机制,增强上海交通大学附属中学成员的归属感、认同感、尊严感和成就感。

3. 优化教育生态

在倡导教育改革创新的过程中,通过整合校内外的教育资源,创建特色课程体系并将其化为系统化的学校教育实践。一方面,聚焦特色发展,优化育人方式。完善 L－IBDP、STEM(科学、技术、工程和数学)、MOOC(慕课)等学校特色课程,在学科教学、德育等方面力争创造并形成学校的教育教学特色。另一方面,充分利用社会、社区、家长资源,以课题引领、开发特色德育课程。培养学生主动交往、相互激励的发展方式,在"自主探索,相互激发"中创生卓越品质,树立远大志向。

三、实践成果与未来展望

作为上海市第一批实验性示范性高中,上海交通大学附属中学成果丰硕。这不仅仅体现在学生成绩和所获称号上,更体现在勇担国家及市基础教育改革实验任务,发挥实验性示范性高中的"领头羊"作用等方面。面对未来的机遇和挑战,上海交通大学附属中学将不断以研促思、以思促行,乘风破浪,再创佳绩。

(一)实践成果

上海交通大学附属中学秉承上海交通大学理工底色,建构了以建设"科技特色高中"为目标的校本课程图谱。自2011年引入IBDP课程以来,上海交通大学附属中学积极研究国际课程体系,了解国际课程与教学改革趋势,学习国际课程的先进理念和元素,并融于课程实践中,丰富了普通高中课程内容,提高了普通高中课程的现代性、选择的多样性。上海交通大学附属中学构建了以科技理工素养、创意服务活动、生涯发展规划三大核心课程作为支撑的校本课程体系,开创了围绕科技特色展开的综合实践活动,形成了上海交通大学附属中学与大学"双主体"课程实施机制。从而进一步推进我国高中现代化课程体系建设,使我国的课程改革具备更先进的视野、为我国培育更多具有国际竞争力的人才。

同时,上海交通大学附属中学作为上海市首批实验性示范性高中,是上海市基础教育现代化的重要组成部分。上海交通大学附属中学不断追求新的发展,明确教育教学改革方向,攻克素质教育难题,对高中教育和基础教育起到示范、辐射作用。上海交通大学附属中学主动承担国家和市基础教育改革实验任务。在教育国际化、信息化和现代化背景下，加强国际教育、文化交流，综合开发学校课程及校本教研的研究与实践，形成学校鲜明的办学特色，充分发挥实验性示范性高中的"领头羊"作用。

上海交通大学附属中学在高考中屡创佳绩，连续多年一本率稳定在90%以上。大批优秀高三毕业生获得双一流名校保送生资格，还有不少毕业生被海外一流名校录取。此外，上海交通大学附属中学在各学科竞赛中硕果累累，每年都有许多学生在全国数、理、化、信息技术、科技创新等比赛中荣获一等奖，并被保送进入上海交通大学、复旦大学、北京大学、清华大学等高校。

上海交通大学附属中学先后获得多种荣誉称号，如全国普通高中特色学校（全国百所、上海市十所）、全国中小学科研兴校示范基地、上海市文明单位、上海市实验性示范性高中、上海市中小学骨干教师德育实训基地（生命学科）、上海市科技教育特色示范学校、上海市头脑奥林匹克活动特色学校、上海市中小学行为规范示范学校、上海市体育传统项目学校、上海市安全文明学校等，形成了良好的社会声誉。

（二）未来展望

上海交通大学附属中学的未来发展方向明晰而坚定。在坚持学校发展总目标的同时，牢牢把握学校发展的重要具体目标：更新教育理念、转变教与学的方式、构建创新人才培养模式和培养学生成为自主发展的人。"雄关漫道真如铁"，上海交通大学附属中学锐意进取、脚踏实地，必将实现莘莘学子之梦，再耀无限辉煌。

1. 未来发展总目标

上海交通大学附属中学发展的总目标：现代教育领先，国内著名、国际知名的实验性示范性高中,培养全面发展的具有国际视野的中国公民。上海交通大学附属中学未来的发展将继续依托上海交通大学,特别是在创新人才早期培养方面,将会进一步加大与上海交通大学的合作领域和范围,打造我国创新人才早期培养的新篇章。通过课程改革,实现上海交通大学附属中学教育思想、实验项目、课程建设、管理水平、教师发展、教育质量等方面的整体发展与提高。通过具体目标的落实,为上海交通大学附属中学未来的发展打下坚实基础。

2. 重要具体目标

更新教育理念,是学校持续发展的必要保证。教育理念是学校办学行为的逻辑起点,是学校文化的灵魂。上海交通大学附属中学要与时俱进,秉持全球观,将优秀的国际课程理念研究透彻,实践应用到课程建设中,为学校的现代化发展源源不断地注入新动力。在学校进行课程建设、教师教书育人的过程中,必须思考我们需要为未来构建什么样的教育模式,我们的学生需要为未来做什么样的准备,这是学校作为理工科特色高中必须持有的战略眼光。

转变教与学的方式,是通向"科技特色高中"的必由之途。让课堂成为师生交流、对话、探究的舞台,建立和谐严谨、宽松有序的教育环境,积极转变教师角色,让教师和学生一起寻找答案、创造答案。实现相互激励、教学相长,形成创新人才培养的良好机制与环境。为应对互联网和多媒体的技术革命对教育方式提出的挑战,实践教学体系要突破学校围墙,让混合学习、行动学习等成为新常态,让学生的大脑真正变成可以发掘无限宝藏的金矿,让课程与教学焕发真正的育人魅力。

构建创新人才培养模式,是凸显学校优势的必然之举。通过创造性的学习活动,打通学生学习与科学探索、学生生活与未来社会实践的壁垒，让学生真切地领略到知识与个人之间的意义相关，发挥学生自我开拓和获得知识的潜能，在活动中确证自己的主体力量，成为愿意创造、能够创造的主体。这就需要学校将学生创新能力的培养作为教育改革的重点，加强培养模式和课程体系的创新，不断推进教学内容和方法的创新，继续发扬学校的科创精神，增强科创实力，让每位学生生发创造美好未来的历史感与责任感。

培养学生成为自主发展的人，给学生创造自我塑造的空间。情怀和境界是推动人终身发展的重要因素，决定着学生当下的学习以及未来人生和事业的广度。上海交通大学附属中学的人才培养不是让学生感到来自系统体制以及外部环境强加的通过考学改变命运的压力，而是要唤醒学生内心自我成长的需要和自我发展的欲望。学校要以学生为学习主体，尊重学生的好奇心和想象力，让学生对学习的认识不局限于"知识"，更要内化为人格的陶冶和前行的驱动力；注重对学生学习兴趣、独立性和社会责任感的培养，这些素质对学生的学习和成长是不可缺少且影响深远的。在独立思考、自主学习、自主选择、自主规划的过程中，让每个学生成为更好的自己。

第三节　学贯中西，提高课程质量

IBDP课程被誉为"国际化的高质量教育"，其高标准的人才培养要求、严格的课程管理体系及严谨的学生评价机制是区别于其他高中教育的主要方面，也是其成功的三大支柱。[①]

国际课程的培养目标与上海交通大学附属中学的育人目标具

[①]　杨少君. 国际文凭高中项目（IBDP）与我国普通高中教育的比较研究［D］.昆明：云南大学，2016.

有高度一致性。通过对比与分析 IBDP 的课程设置和我国普通高中的课程结构,学校创造性地建构出以建设"科技特色高中"为目标的课程图谱以及与之适应的课程内容和学生评价机制。在实施中坚决落实立德树人的根本任务,加强正确价值观的引领,注重国际课程本土化的科学规范发展。

一、育人目标和课程目标的一致性

上海交通大学附属中学的育人目标彰显对学生知识素养、能力发展、人格品性的全面要求,这是对 IB 目标的概括与归纳;IB 学习者的十大培养目标在上海交通大学附属中学的课程目标里得到诠释和演绎。

(一) 育人目标引领课程目标

上海交通大学附属中学的育人目标是培养具备深厚学养、远大志向、坚强毅力和创新智慧的卓越青年,体现了上海交通大学附属中学对学生知识素养、能力发展、人格品性方面的要求。希望学生能够在扎实掌握基础知识的同时形成深厚的人文素养和科学素养;能以自主学习、自我管理、用心交往三方面的能力为基础,夯实学术功底,形成创新素养,运用科学方法,完成一些科技创新实践项目;能在自主探索和用心交往的过程中,树立远大志向,秉持科学态度,创生卓越品质。

IB 的主要目的是培养具有国际情怀的世界公民,培养学生的全球参与意识及奉献精神,使他们成为酷爱探究、知识渊博、理解和尊重不同文化的终身学习者,共同创造一个更加美好、和平的世界。[1]

---

[1] 国际文凭组织.什么是国际文凭教育?[EB/OL].https://ibo.org/globalassets/digital-toolkit/brochures/what-is-an-ib-education-cn.pdf.

这体现出国际课程对学生培养的要求：学会学习，为终身学习打下基础；树立国际意识和理解多元文化，善于交流、勇担责任；自我实现，个性发展。国际课程目标有力支撑着上海交通大学附属中学育人目标的延续和行动。

参与意识是对全球化时代呼唤的回应，培养参与意识是促进青少年健康成长、激发积极性与主体性的重要手段。在这个过程中，帮助学生认识自我、认识世界、开阔视野、树立志向。无论是课堂内还是课堂外，学生的主动发展都是以积极参与为前提。无论是在校内还是校外，学生都是在活动参与中发现问题、自主探究、培养能力、发展合作。

奉献精神在社会交往中不可缺少，作为一种高尚的精神文明，推动着社会乃至世界的进步。奉献体现了创新的社会价值，只有将创新成果应用到发展中才能推动创新。培养学生的奉献精神，不仅是对这种崇高可贵品质的传承，更是让学生在这一过程中，找到勇气和力量；将奉献作为一种驱动力，保持热爱之心，磨炼坚强毅力，迸发智慧之光。

(二) 课程目标贴合育人目标

国际文凭学习者的十大培养目标，分别是积极探究、知识渊博、勤于思考、善于交流、坚持原则、胸襟开阔、懂得关爱、敢于尝试、均衡发展、及时反思。[①] 这充分体现了全人教育的观念，也是新课程模型中 IB 学习者素养（IB learner profile）的核心要求。IBDP 课程十分注重学习者在全面夯实基础上的个性、潜能开发与创新、探究精神的培养，促进学生在感兴趣的领域深入学习并与自身生涯

---

① 国际文凭组织.什么是国际文凭教育？[EB/OL]. https://ibo.org/globalassets/digital-toolkit/brochures/what-is-an-ib-education-cn.pdf.

发展取向紧密结合。① 如今,上海交通大学附属中学人才培养的目标要与当今时代背景特征相适应:培养具有国际视野、创新精神、可持续发展的人,而这也是 IBDP 课程人才培养目标的要旨。

上海交通大学附属中学秉承上海交通大学理工底色,以"科技特色高中"作为课程建设追求,建设形成聚焦学生核心素养培养的课程群。为实现育人目标,在课程设置上要注重充分尊重学生的个性差异,提供大量的选修课程供学生根据个人特点选择。在课程实施过程中要采取广泛的教学策略,倡导多元文化主义和跨文化理解,从而培养具有国际情怀的学习者。在课程评估上要采取多元化的评估策略和工具,充分尊重个体差异,强调学生的能力倾向、兴趣和需要。

二、课程内容的国际化和本土化

L‐IBDP 的课程内容做到面向国际与根植本土并重。上海交通大学附属中学吸收 IBDP 课程核心理念并贯通于三大核心课程,助力学生实现"个体人"和"社会人"的价值;立足国情与校情,构建兼具完整性与现代性、生命力与竞争力的中国特色课程体系,培育具有开阔视野、怀有赤子之心的中国人才。

(一) 课程内容面向国际

全人发展、终身学习和国际情怀是 IBDP 课程的核心理念。②

IBDP 课程秉持全人发展理念,通过倡导整体化学习和跨学科

---

① 刘茂祥,刘炼,蒋皓.浅析国际文凭课程的关键发展特征[J].外国中小学教育,2015(11):16‐22.

② 徐鹏,夏惠贤,陈法宝.IB 国际课程:理念与行动[J].外国中小学教育,2015(2):54‐58.

理解,增强学生的社会实践能力,旨在促使学习者在智力、身体、情感和社交等各个方面都得到发展。这与我国基础教育课程改革大力推行的素质教育的理念相一致。

IBDP课程重视学习方法,培养可持续发展的终身学习者。提倡通过不断探究、行动、反思,以及三者之间的循环作用,促进知识的积累与创新。上海交通大学附属中学从"自主探索,相互激发"这一特色化学习方式的角度来重构课程体系,按照IBDP课程体系实施教学工作,关注学生的整体发展,鼓励学生主动思考,培养学生的探究精神,养成自己的学习方法,增强跨文化沟通与理解能力。

IBDP课程被誉为"国际化的高质量教育",其大学预科项目包含的三门核心课程是获得国际文凭的关键。其中,认识论旨在培养学生的批判思维能力和终身学习能力;拓展论文旨在培养学生的研究能力、探究精神和创新意识;创意、活动、服务旨在培养学生的社会责任感和服务意识。

上海交通大学附属中学已经形成独具特色的三大核心课程。其中,科技理工素养课程以问题解决为导向,尝试多种获取知识的途径,培养学生批判反思意识、提高综合问题解决能力,实现深层次学习;创意服务活动课程需要学生广泛组织、参与校内外的各种文化体育互动和支援服务,主动求索、相互交流,以帮助学生自觉生成优秀品质和群体卓越文化,培养学生的创新能力、服务意识,为学生的终身发展打下良好的基础;生涯发展规划课程通过对学生的兴趣爱好、能力倾向进行测评,给学生自我认识与自由发展的空间,提升学生专业探索能力、树立人生发展目标和理想信念。

上海交通大学附属中学通过将IBDP三门核心课程的精髓借鉴到课程建设中,实现对IBDP课程体系的重构,契合了时代发展对国际性人才学识品性、能力素养、眼界胸怀的要求。从学科目标到学习思路、从教学方法到育人模式、从组织形式到师生关系、从学习模型到评估体系、从课堂教学到课外活动,都在向国际优秀课程靠拢,走在培养国际性人才的科学路线上。课程学习的过程,也是帮助学生实现自身作为"个体人"和"社会人"价值的过程,为学生的终身发展打下良好基础。让学生获得全方位的成长和提高,具有成为全球引领性人才的潜质;让我们的学校具备引领课程改革、走向国际的实力。

(二) 课程内容根植本土

IBDP 课程本土化是一个持续不断的进程,关键在于协调 IBDP 课程的核心共性和我国的本土特色。上海交通大学附属中学在推行 IBDP 课程本土化的过程中,要防止"拿来主义",要特别注意政治、经济、文化和学校特色等因素的影响,促进 IBDP 课程本土化的科学规范发展。需要结合学校自身的教学理念、课程设置、师资力量、设备资源等,把握新时代社会主义核心价值观,形成具有鲜明特色、成熟完善的校本课程体系。

通过借鉴和创新,吸收 IBDP 课程的共性和精髓,又立足国情和校情,才能做到真正的中国特色,做好教育改革与创新。从而将国际交流变为双向的吸收,并最终适应我国本土现状,为我所用,培养出热爱探究、善于交流、勇担责任、有国际视野和本土情怀的创新型中国人才。

重视我国传统文化的传承和国情的融入。生活在大都市的学生从小就具备一定的国际视野,他们更需要的是对本土的热忱。借鉴国际课程,不是让我们的学生去应付"洋高考",而是要把本国文化、民族情怀与国际素养、国际视野并重。国际课程的本土化实践必须和中国的国情结合，和中国国家课程的优势结合，培养能"出得去，回得来"、怀有中国心的学生才是推行教育国际化的应有之意。

注重国家意志和核心价值观的引领。课程作为学校教育的基石和育人核心载体，在人才培养中发挥核心作用。在 IBDP 课程本土化过程中，必须积极践行社会主义核心价值观，培育全面发展的社会主义建设者和接班人。课程建设要契合我国教育立德树人的根本任务，引导学生厚植文化底蕴、传承红色基因、打好中国底色、强化国家意识、增强"四个自信"，着力培养具有国际情怀的终身学习者和全面发展、有社会责任感的人。

构建科学的评价体系，发现和培育学生的优势潜能。IBDP 课程在评估过程中，重视课程评估的激励和导向功能，实施多元化的评估策略。以 IBDP 物理课程评价为例，其最大特点就是理论与实验双管齐下，物理思维与表达能力缺一不可。[①] 我国《国家中长期教育改革和发展规划纲要（2010—2020 年）》也指出教育"要发展每一个学生的优势潜能"。上海交通大学附属中学在构建科学课程评估体系的过程中，始终坚持以学生发展为本，努力为个性化创新人才的成长培育一方沃土。

三、学习材料的丰富化和精致化

上海交通大学附属中学的学习材料具有丰富多样、高质量和精致化的特点，包含了国家统一教材与自主开发运用的校本学材。配套 L－IBDP 三大核心课程的学习材料凝结着高级教师和专业团队的心血，有效帮助学生打牢基础、学思结合、提升能力。

---

① 林芸.IBDP 物理课程内部评价体系的述评和启示[J].物理教师，2020，43（03）：2－5＋9.

（一）多样化和丰富化

上海交通大学附属中学在新课程、新教材的实施和运用中，全面贯彻党的教育方针，践行社会主义核心价值观，落实立德树人的根本任务，全面实施新课程、新教材的理念和要求。开齐、开足、开好国家规定的各类课程，进一步完善了校本课程体系，同时开发了丰富多彩的选修课程。

使用国家统一教材。《全国大中小学教材建设规划（2019—2020年）》明确提出，国家实行中小学教材审定制度，未经审定的教材，不得出版、选用。其中，思想政治、语文、历史课程教材实行国家统一编写、统一审核、统一使用。统编教材有着反映民族和时代发展要求的较高价值定位，整体上表现出较好的育人价值；充分吸收和融入社会主义核心价值观，注重继承传统和经典，发扬时代特色和创新精神；使学生坚定中国特色社会主义道路自信、理论自信、制度自信和文化自信，引导学生形成正确的世界观、人生观、价值观。

开发运用校本学材。校本课程强调以人为本，在培养高素质创新型卓越人才的过程中具有重要意义。不但能扩大视野，增强能力，还有利于学生发挥积极性和创造性，发展自己的兴趣和特长。结合学校办学特色和教学实际，为保障新课程实施的科学性、有效性和创新性，满足学生的不同学习需要，上海交通大学附属中学科学编订校本学材，打牢学生的成长基础，以提高学生综合素质，实现个性化教育的目的。

（二）高质量和精致化

上海交通大学附属中学将科技理工素养，创意、活动、服务，生涯发展规划三大核心课程作为课程支撑实现"科技特色高中"的课程建设追求。这三大课程植根于国家课程方案,通过校本化实施,融通于国家八大课程领域。上海交通大学附属中学为满足学生个性化发展的需要,在每一个核心课程下都设有课程包及精品课程,辅以校本学材拓宽视野和训练思维,激发学生学习兴趣,指导学习过程与方法;帮助学生准确把握课程要求、高效完成学习任务;配套练习精细化、梯度化,帮助学生反思学习过程,更好地巩固学习成果。

在高级教师和专业教研团队(备课组、教研组)的共同努力下,通过对国际课程学习资料的梳理和研究,校本学材建设的高质量和精致化得到师生的肯定,使学校的文化艺术类、科学技术类、研究型、实践型、规划型等课程类型得以顺利开展,更好地实现课程目标和学生培养目标。

四、差异化教学与个性化学习

因材施教的说法自古有之,实践起来却颇有难度。上海交通大学附属中学迎难而上,致力于通过多种差异化教学方式实现学生的个性化学习。三大核心课程中丰富的学习形式提供给学生个性化学习的平台,与他们一起浇灌热爱的种子,收获丰硕的果实。

(一) 差异化教学

随着教育现代化的深化,要实现创造性人才培养的目标,关键在于教与学的变革。现代化教育希望有特性的学生彰显自己的闪光点,发挥不同凡响的智慧与创造力;希望看到走出校门的是怀揣理想、阳光自信、追求自我价值的人。差异性体现了学习者的复杂性、可能性、潜能性,也是教师优化自身教学的动力。这就要求教师重视学生的学习进度差异、学习特点差异,关注学生的个性特点,做到因材施教,发展每一个学生的优势潜能。

上海交通大学附属中学相信对待具有丰富多样性的学生，只有树立"差异的平等"观，才能凸显教育的公平。在传统教学形式之外，上海交通大学附属中学合理安排个别化教学、分组教学、分层教学等，实现学生的异步学习；推行启发式、探究式、参与式、合作式等教学方式以及走班制、选课制等教学组织模式，促进学生充分而自由的发展。同时根据需求差异，为学生提供多样的学习内容，实现学生的差异化发展。

(二) 个性化学习

个性化学习是根据学习者的个性特点和发展潜能，采取灵活、适合的方式充分满足学习者个体需求的学习。[①] 为给予学生更多的个性发展空间，充分发挥学生的学习能动性，课堂教学要更多融入合作、探究、展示等学习活动，采取专题教学、对比教学、任务驱动等多种教学方式。

上海交通大学附属中学三大核心课程的主要学习任务也体现着个性化学习理念，如让学生自主选择感兴趣的研究课题、在学习型社团中体验实践性学习、提供个性化学习服务和未来专业规划的个性化指导等。上海交通大学附属中学网络课程的普及、慕课微课的发展也呈现出个性化学习的性质，这些都有助于学生主动、灵活的学习。

五、教师队伍的专业化和国际化背景

教师是学生发展成长中必不可少的引路人，教师队伍建设是学校持续发展的重要环节。上海交通大学附属中学一直科学引领

---

① 郑云翔.信息技术环境下大学生个性化学习的研究[J].中国电化教育，2014 (7)：126-132.

教师发展、为教师赋能，塑造出一支专业质优且追求卓越的教师队伍。同时，实现国际课程教师的国际化，齐心协力筑梦学生的未来。

（一）教师队伍的专业化

学生学习、研究、成长的过程离不开有理想、有情怀、有能力的教师团队。他们担负着引领学生成长、指导学生学习、开发创新课程的重要任务。这就需要学校具备雄厚的教师力量，建立自己的教研团队，实现"造血"功能，保障学校创新教育的持续发展。上海交通大学附属中学已经打造出兼职骨干科技教师队伍，建立"科技教研组"，并采取"请进来""走出去"的方式提高科创教师的指导能力。

师资力量雄厚，师资来源多元。学校现有特级校长1人，特级教师10人，正高级教师11人，高级教师56人，上海市名教师名校长后备人选16人，杨浦区第六届学科名师4人、学科带头人14人、骨干教师22人、骨干后备12人、教学新秀4人。教师队伍中，获得博士学位者6人，获得硕士学位的教师94人。

上海交通大学附属中学以基于核心素养培育的学科实践为突破口，进一步提升教师的教育境界，打造出"师德高尚、有教育理想、专业突出、底蕴深厚、在区域内有较高知名度和影响力"的卓越教师团队，建有上海市多学科实训基地和名师基地。这支学历等级高、教学教研能力强的教师队伍保障了新课程新教材科学、高效、创新地实施和运用。

在保证师资数量的基础上，上海交通大学附属中学注重加强对教师工作质量的评价，以管理促质量。上海交通大学附属中学多年来开展以增强创新思维和创新教育能力为重点的本校教师培训工作，形成了一批创新型教师团队和领军教师。在新课程新教材实施和运用的过程中，针对不同年龄段、不同层次的教师梯队，上海交通大学附属中学采取不同形式开展国家课程的教学培训,使得不同学科、不同发展方向的教师不断向专业发展的新高度迈进。

(二)教师队伍的国际化

L-IBDP 课程的教师包括外籍教师、海归教师和精通中西课程的本土教师,其中,外籍教师约占 75%。预备阶段的英文课和 DP 课程均由来自英美本土的外籍教师授课,所有任课教师均具备相应的 IB 课程的执教资质,其余教师及班主任均由上海交通大学附属中学本校教师担任。

上海交通大学附属中学还专门成立了"海外升学指导办公室",聘用了多名从海外学成归来、经验丰富的升学指导老师,为每位学生设计、规划并实施个性化的升学之路。同时,学校鼓励教师赴国内外知名学校进修,关注国外课堂变化及变化的背景和理论基础,把握学科发展的前沿信息。

(三)教师队伍的开放化

上海交通大学附属中学在注重与大学间进行教师互动的同时,也积极促进学生与大学教授的互动。开放化的教师队伍建设既为教师的专业发展搭建优质平台,也为学生规划未来发展奠定基础,上海交通大学附属中学学子做科研、求创新的热情在大学教授的悉心教诲下被悄悄点燃。

1. 注重与大学间的教师互动

教学系统外师资的质量对教师队伍建设有举足轻重的作用。以学校的社团指导教师开发为例,在学校师资不能充分满足学生多样化的社团活动需求的情况下,上海交通大学附属中学通过外聘高校专家学者、社会人士等担任学校的社团指导老师。上海交通大学附属中学的"创新人才"培养项目实施依靠的是以上海交通大学的教授、专家为主体，其他各大学教师、各研究所研究人员、科技站工作人员、校友团等共同参与的专业师资队伍。

在教师培训方面，通过大学教授来校座谈与讲座，上海交通大学附属中学教师普遍感到教授们精深的学术素养和对科学的执着追求带给他们精神的洗礼和新的动力，为学校教研活动注入了新元素、新思路。与高校的深入合作既为创新人才的成长奠基，也为教师的发展搭建优质的平台。

2. 促进学生与大学教授互动

高中阶段的学生有了更多、更高层次求知的兴趣和需求，加强大学与中学的衔接，理应成为教学改革的重点。同时和高中的互动正是大学开放性的重要内容。通过大学教授的悉心点拨与指导，激发学生对感兴趣的课题继续探索的热情和动力，培养学生科学的思维方法，在互动中丰富学生的学习感受和成长体验。教授们向高中生展示学术的思维和过程，为学生埋下相关学科的"种子"，帮助学生更好地实现自我规划，从而更胸有成竹地准备自己的未来，为大学阶段的发展打下良好基础。

在上海交通大学附属中学对"创新人才"培养采用的通识教育、科学素养教育、人生规划三大模块中，都借助了大学教授们的力量。如通过与上海交通大学的合作，组建"大学教授专家讲师团"，制订针对中学生特点的拓展训练；聘请大学教授、学者通过专题讲座、授课等形式对学生进行创新素养的培育，对学生的课题研究提供针对性的课题辅导等。

六、基础保障

在信息化飞速发展的今天，学校的信息化设施是否完备与技术支持是否充分会对教师教学和学生学习产生直接影响。优美的校园环境、完备的硬件设施和先进的信息技术——上海交通大学附属中学坚实的基础保障让学生的学习体验虚实结合、趣味横生。

(一) 校园环境

环境是影响学校教育教学的一个重要因素。苏霍姆林斯基指出:"学校的物质基础既是一个完备教育过程必不可少的条件,又是对学生精神世界施加影响的手段,是培养他们的观点、信念和良好习惯的手段。"[①] 所以学校十分重视学校物理环境的优化以更好地发挥其教育功能。

上海交通大学附属中学位于宝山区,校园自然环境优美,景色优雅,自 20 世纪 80 年代以来一直是"上海市花园单位",优雅的花坛和草坪、清澈的池塘给学生心情舒畅之感。上海交通大学附属中学校地面积 72 000 平方米,包括校舍建筑用地、体育运动用地、绿化用地等,宽阔的校园使学生有充分开展各种活动的空间,促进学生的相互交流。上海交通大学附属中学教学设施完备,教室宽敞明亮,丰富的实验仪器、图书资料、体育器材和电教手段充分能满足教与学的需要,校园环境建设兼具实用性与科学性,可促进学生身心健康发展和教学质量的提高。

(二) 硬件设施

为支持学生顺利完成项目研究,学校要尽可能创建创新实验室,满足学生研究的需要。同时调动科创指导老师的能动性,充分发挥他们对学生的指导作用。

---

① 苏霍姆林斯基.帕夫雷什中学[M].赵玮,王义高,蔡兴文,纪强,译.北京:教育科学出版社,1983:105.

上海交通大学附属中学创设了良好的课程实施环境。常规教室数量充足，为实施走班教学提供场地保障。配有先进教学设备的专用教室，如数学金融专用教室、地理专用教室、历史专用教室，促进教与学方式的转变。创生实验楼里除了有满足日常教学所需的学科实验室，还有机器人实验室、OM实验室、嵌入式实验室、新能源实验室、物理创新实验室、数字地理实验室、组织培养实验室以及分子实验室，为师生提供科研平台。新近改造的图书馆深入参与多学科课程教学与阅读活动，逐步摸索出图书馆与学科教学深度融合的方向。

(三) 信息技术

在信息技术的发展下，智慧教室、网络课程、线上线下的混合式教学得到更为广泛的实验，这有效拓展了课堂教学时空，服务学生人性化学习。上海交通大学附属中学的标准教室均为多媒体数字教室，配备现代化的教学设备如闭路电视、电脑、可寻址广播系统等。同时充分利用高校的硬件设备等条件与资源，做好信息化教学。主要通过信息网络与上海交通大学实现资源共享，通过国际友好交流获取教育资源和开发利用社会与大学资源。

上海交通大学附属中学将网络教室与上海交通大学实验室网络进行对接，上海交通大学附属中学学生在实验活动中遇到相关问题，可以通过视频及时与上海交通大学实验室专家取得联系，得到上海交通大学专家的"面对面"指导。

小结

L－IBDP课程情境的介绍，让我们感受到新时代对创新型国际化人才的急切呼唤，感受到新政策对学校教育教学改革的迫切要求,感受到作为实验性示范性高中培育全面发展的终身学习者的责任之重。

上海交通大学附属中学立足于悠久的办学理念和传统,依托得天独厚的高校资源,明确发展愿景和策略。在 IBDP 课程的目标和学校育人目标相一致的前提下,上海交通大学附属中学汲取 IBDP 课程理念,借鉴其课程建设的精髓,整合课程板块,凸显校本特色,创造性地构建出独具特色的 L-IBDP 课程体系。我们辅以丰富优质的学习材料,多元化、个性化的教与学的方法,专业优秀的教师队伍和先进完备的教学、实验设备,紧抓高中育人方式改革这一主线,加快步伐迈向教育现代化。上海交通大学附属中学将坚持以提高质量为核心的教育发展观,注重教育内涵发展,继续书写发展科创特色、建设国际品牌、输出卓越人才的辉煌篇章。

第二章

课程哲学：L-IBDP 课程的理念

L-IBDP 课程的旨趣在于引导学生"答好两道题"。第一要具有家国情怀和责任担当；第二要具备国际理解和文化交流能力；"第一道题"是结构良好的问题，要求学生掌握基本知识和技能，属于规定动作；"第二道题"是结构不良问题，要求具有创新意识和批判思维，能够将知识融会贯通，是学生适应社会发展的必备品质。

第一节　继往开来，生发 L-IBDP 课程旨趣

L-IBDP 课程以发展学生适应未来社会发展的能力和终身学习素养为理念，以激发自主学习为起点，提升学生科学兴趣，培养学生思维品质，将家国情怀与国际视野作为课程主旋律，从而形成本课程的旨趣和特色。课程希望帮助学生积淀深厚学养、树立远大志向、锻炼坚强毅力和形成创新智慧，成长为符合上海交通大学附属中学育人目标的卓越青年。

一、培养家国情怀与国际视野

"家国情怀"贯穿我国五千多年文明的历史,亦是当代中华民族的道德追求,在国家层面,爱国主义是中华民族精神的核心,中华儿女的责任与担当是国家发展的最基本、最持久的力量。《大学》中格物、致知、诚意、正心、修身、齐家、治国、平天下的思想体现了传统文化中的家国情怀,通过学习提高自身品德修养,而后追求家齐、国治、天下平,此为君子的家国情怀。新时代所讲的家国情怀与传统文化一脉相承,又有新的元素注入。当下青年要树立远大理想、热爱伟大祖国、担当时代责任、勇于砥砺奋斗、练就过硬本领、锤炼品德修为,这可以看作是对当代青年家国情怀的要求。家国情怀中的个人担当,是个人力量对国家兴盛的助力,个人价值只有在与国家、民族相融合才能够更好体现。

国际视野就是视阈范围全球化,文化内涵多元化,思维方式国际化。当今新型国际关系的实质仍然是合作与竞争。面对激烈的国际竞争,面对中华文化与外来文化的交锋,教育当引领学生了解世界,坚定信心,形成对本民族文化深入了解的充分自信,并对他人的态度、价值观以及不同文化采取理解、开放和包容的态度。

L-IBDP 课程创设之初即明确定位家国情怀和国际视野。整体课程结构在国家课程方案的基础上,充分发挥学校办学传统与特色,借鉴 IBDP 课程,将国际课程和国家课程进行深度融合,以核心素养和已有育人目标为课程设计的上层依据,通过课程体系和课程实施的多样化途径,着力打造具有国际视野、中国根基、与学校特色相融合的课程。为学生提供古今中外、形式多样的文化内容,旨在养成学生跨文化的理解力,加深学生对本民族文化的认同感和自豪感,让学生成长为爱家、爱国,面向未来的国际化人才。

二、提升科学兴趣和思维品质

兴趣表现为个体具有主动接近某种事物的倾向。学生的科学兴趣是指学生个人积极学习科学知识，探究科学规律的倾向。思维品质涉及思维的逻辑性、灵活性、开阔性、深刻性、创新性等方面。

PISA2006（国际学生评估项目）将科学兴趣纳入科学素养测试中，研究结果表明，早期对科学的兴趣，对后续的科学学习和是否从事科学领域的工作有预测作用。[①] 学校的课程教学要通过创设情境激发学生对科学的普遍兴趣，帮助学生明确学习科学的重要性，保持学生对若干科学相关主题的持续兴趣，不断加深学生对科学的喜爱，将学生科学兴趣的全面提升作为学校培养一流科技人才的内在动力。科学素养培养的关键亦在于思维品质的提升，美国学者 Ference Marton 和 Roger Salijo 发表的《学习的本质区别：过程和结果》提到关注学生学到了什么比关注学生学了多少更可取，[②]强调深度学习是思维品质提升的表现，在学习中应赋予新知识个人含义，并将新知识与已有认知结构相关联，使自身知识体系具有动态性和可迁移性。

在知识化、信息化背景下，公民的科学素养对国家和社会的发展至关重要，而教育可以看作是全面科学素质培养的引擎，科学知识的学习和科学素养的培养在教育过程中自然也得到了更多关注。我国早在《全民科学素质行动计划纲要（2006—2020 年）》中就提到，"完善基础教育阶段的科学教育，提高学校科学教育质量，

---

① OECD. Assessing scientific, reading and mathematical literacy [EB/OL]. https://read.oecd-ilibrary.org/education/assessing-scientific-reading-and-mathematical-literacy_9789264026407-en,2006.

② F. MARTON, R. SÄLJÖ. On qualitative differences in learning: I—outcome and process[J]. British Journal of Educational Psychology, 1976, 46(1): 4-11.

使中小学生掌握必要和基本的科学知识与技能,体验科学探究活动的过程与方法,培养良好的科学态度、情感与价值观,发展初步的科学探究能力,增强创新意识和实践能力"。

在课程和教学中,L - IBDP 课程的目标不再局限于学生对浅层特定内容的掌握程度,更关注学生在面对问题、解释问题、解决问题时做出决策的思维方式,为此要全面提升学生跨学科应用知识,回答结构不良问题,清晰交流复杂思想的能力。

三、发展自主学习和创新能力

学习是需要人全神贯注、全身心参与的活动,只有学生将注意、观察、表征、记忆、思考等多种因素集中到学习活动中,才有可能取得好的学习效果,而学生全身心投入学习的前提是学生的学习主动性的激发,传统教师主导的课堂中学生的主体性被削弱,课堂教学丧失了学生积极探索、创造性学习的本质属性,学生思维受限,积极性不高,严重缺乏创新的激情和创新的能力。

当今时代,知识是发展的基础,创新是发展的动力,社会需要的是能自主学习,会主动创新的可持续发展人才。学习是不断发现问题、解决问题的过程,而问题链是学生自主学习的催化剂。核心素养理念下,课程更需强调培养学生的问题意识,提升学生探究新知识的兴趣和自主创新的学习能力。

L - IBDP 课程的核心"L"即学习,以深度学习为主要目标是L - IBDP 课程体系的最显著特征。Beattie 认为,深度学习是学生能够批判性地理解问题,深刻理解学习材料之间的相互作用。[1]郭华教授指出,深度学习是学生在教师引领下围绕着挑战性学

---

① Vivien Beattie, Bill Collins, Bill McInnes. Deep and surface learning: a simple or simplistic dichotomy? [J] Accounting EducationVolume 6, Issue 1. 1997. PP 1 - 12

习主题,全身心地积极参与、体验成功、获得发展的有意义的学习过程。[①] 我们认为,学习是高情感投入和深度参与的复杂活动。深度学习要求学生在对知识理解的基础上,能够采用创造性方法解决实际情景中的问题,是强调批判性和建构性的学习活动,其目的是培养学生解决复杂问题的能力。因此,深度学习具有以下特征:一是知识学习的批判性;二是学习内容的整合性;三是学习过程的建构性;四是学习结果的迁移性。L-IBDP课程为迁移而教,通过课程融合为学生呈现统整化的知识体系,并为学生提供真实的问题情境和解决问题的底层逻辑。这不仅增强了教学的实效性,更让L-IBDP课堂呈现出新的生机与活力。

第二节 匠心独具,凸显L-IBDP 课程特点

以人为本,以学生自主学习为核心,关注终身发展是L-IBDP课程体系最基本的特征,课程体系继承了上海交通大学的理工科特色学校传统。引入IBDP课程理念,使课程体系融会贯通,为培养学生的核心素养,实现学生自我生涯规划与发展提供助力。

一、课程体系以学习为中心

"以教师为中心"虽能够发挥教师提高课堂效率的作用,却削弱了学生的主体地位;从"以教师为中心"转向"以学生为中心"体现了教育对"人"的关注,彻底改变了灌输式、填鸭式的教学模式,但又不免消解了教师的地位和作用。为兼顾、吸纳两种理念的优

[①] 郭华.深度学习及其意义[J].课程.教材.教法,2016,36(11):25-32.

势,L-IBDP课程将"以学习为中心"作为新的切入点,围绕"L"构建课程图谱,把教师的"教"和学生的"学"融为一体。"以学习为中心"的新视角不但保留了教师在课程中的地位和作用,同时消解了灌输式、填鸭式的教学模式,为师生共同发展提供了思想基础。把教师的"教"与学生的"学"融为一体,关注师生学习共同体的形成与发展。

"以学习为中心"的最典型表现是学生的学习是内驱的、自主的、批判的、创新的。L-IBDP课程体系为学生提供多种选课模块,学生基于兴趣和需要进行选课,学习更具积极性和主动性。此外,L-IBDP课程的整体教学结构体现了人本化、差异化的特征,如课程体系中引入IBDP课程认识论(TOK)的理念,不以知识为中心,而是以人为中心,将学生的批判反思意识与能力作为教学目标。教师采用多种教学方法,尤其关注合作、探究课堂的完善,配合跨越学科界限的项目学习、专题学习等,小班化教学与个性化指导更关注学生的个体差异,教学结构的创新给予学生更多的个性发展空间,进一步调动了学生的学习内驱力。

师生学习共同体是"以学习为中心"的又一显著特征,将课堂教学视作学生自主发展的基石,把课外学习看作学生自主发展的延伸。教师作为学生学习的促进者,尊重学生自主学习的需求,打破课程学习的内容边界,拔高学生思维高度,为学生提供相适配的指导。借助现代信息技术,学习的场域不再局限于学校,课堂外,学生借助现代信息技术在课下自主学习,吸收浅层基础知识,课堂中,教师根据学生的自主表现更多引导学生理解、掌握高阶知识,升级学生思维品质,提升学习科学兴趣,助力学生自主发展。

二、助力学生的多元化发展

多年来,学校始终将学生生涯规划教育作为重要工作。《上海市中长期教育改革和发展规划纲要（2010—2020年）》明确提出将"为了每一个学生的终身发展"作为贯穿教育改革和发展的核心理念，结合当下国际化人才培养的需要，学校的生涯规划教育立足本土，吸收世界先进知识，发掘学生多元化潜能，为学生提供多种升学选择，不断为学生领跑世界提供力量。

学校生涯规划教育的核心思想是帮助学生认识自己、适应生活、筹划发展、准备未来。每个学生的智力构成和个人性格特点都是不同的，认识自我是生涯规划的第一步。学校将作为IBDP核心课程之一的创意、活动、服务（CAS）引入生涯发展规划课程中，让学生在CAS活动中体验实践性学习，理解自身的兴趣和优缺点，树立目标，规划个人成长，成为有责任意识、有理想抱负的国际化人才。

三、彰显学校科技理工特色

学校厚植理工大学附属中学办学传统，以"科技特色高中"目标作为整体课程方案建设参考。基于国家课程方案创设科技理工素养，生涯发展规划，创意、活动、服务三大核心课程，并将国家八大课程领域进行校本化实施。

科技理工素养学科领域旨在培养学生的科学素养、技术素养、工程素养、数学素养等，在课程实施的过程中，需要充分发挥科学技术的作用，通过课程包、慕课、微课等形式开展教学。

科学与技术之间存在着客观区别，科学是理论形态的知识，技术是操作形态的知识，但科学与技术之间的联系日趋紧密，科学与技术相互渗透、相互促进。在学习科学与技术时，不能将两者截然分开，而要将科学视作技术的升华，将技术视作科学的延伸。唯有这样，才能在学习科学知识时结合实践应用，在学习技术时注重归纳总结，兼备科学精神和科技素养。L-IBDP课程对国家八大课程领域进行内容重构,将科学与技术融合,打造科学与技术学科领域,在课程实践推进过程中将科技元素有机融入整个课程体系中。通过丰富的 STEM 精品课程、科学探究课程、基于理工类课程的校外综合实践活动等,让学生在潜移默化中感受科技的魅力。由此,既表达了学校对科学、技术内涵以及两者关系的独特理解,也进一步彰显了学校作为"科技特色高中"的办学特色。

四、打破传统学科间的壁垒

跨学科融合是教育的新趋势,也是培养学生核心素养的必要条件。L-IBDP 课程通过全面的学科融合,打破学习的时空局限,形成了包括课程内容、课程实施、课程评价等方面的全融合教育体系。

L-IBDP 课程以核心素养作为课程内容与功能整合的参照点,打破单一学科、单一领域的框架,围绕三大核心课程,打造六大学科领域,将不同学科的内容交互融通。其课程类型多样,以必修课作为基础,培养学生的必备品格和关键能力,用选修课发展兴趣、激发潜能,此外还有大量学生自主开设的社团实践活动,借助多样化的课程类型和丰富的选课模块,进一步为学生呈现统整的知识结构。

课程推进采用主题式、项目式、探究式等多种学习形式,整合多学科教师力量,融合利用各种课程资源,让每一个学科融合课程更加开放、丰富,能够更好地为学生核心素养的提升服务。课程实施与课程评价同步进行,分数只作为评价标准的部分,强调多角度、立体化、全方位地评价学生。具体来说,学生学分主要由三部分构成:一是基于考试成绩的学分,二是基于学习过程和平时表现的学分,三是基于学生参与活动时特别表现的奖励学分。多元课程评价方式的融合,为课程融合提供了保障。

小结

上海交通大学附属中学把培养具有深厚学养、远大志向、坚强毅力和创新智慧的卓越青年作为育人目标，把课程体系视作人才培养的基石，将培养未来人才作为改革课程体系的核心价值追求。学校立足科技理工特色、融合 IBDP 课程理念，着力培养学生成为具有家国情怀、创新素养、终身发展的国际一流人才。

第三章

课程结构：L‒IBDP 课程的整体框架

L‒IBDP 课程在吸收借鉴经典国际课程 IBDP 的基础上，以学习为中心构建学校整体课程，充分遵循国家课程方案的要求，探索彰显办学特色、契合学校需求的 L‒IBDP 课程框架，包含三大核心课程与六个学科领域，L‒IBDP 课程具有现实性，提升了学校课程品质。

第一节　启发诱导，围绕学习
进行目标设计

在课程目标设计上，L‒IBDP 既学习国际课程注重能力发展的优势，又兼顾我国重视基本知识、基本技能掌握的优良传统。整体目标设计关联办学理念，与课程旨趣层层相扣，既有纵向的阶段性目标，又有每一项目标的横向具体要求，引领课程实践。

一、综合目标

L‒IBDP 课程的综合目标设计以课程理念为指导，对准培养家国情怀与国际视野，提升科学兴趣和思维品质，发展自主学习和创新能力的课程理念和课程旨趣，提出培养时代建设者、终身学习者、深度探究者、问题解决者的综合目标。

（一）心怀家国的时代建设者

家国情怀贯穿于中华优秀传统文化中，是中华儿女心怀家国的一种朴素的情感表达。家国情怀源于对本民族文化历史的理解，源于了解多元文化后对本国文化的高度认同和自信。高中阶段学生面临着高考，"重智轻德"的应试教育广泛存在，随之导致学生道德认识、道德情感的不足。高中生在接受"家国情怀"教育方面是有一定欠缺的。从心理学角度上看，"爱国情怀"萌芽于婴幼儿时期，形成于青少年时期，[①]高中阶段是学生形成"家国情怀"的关键期，因此将"家国情怀"作为高中阶段课程目标是迫切需要的。文化自信和多元文化理解是培养学生家国情怀的两个重要维度，加强学生的文化自信和跨文化理解力有利于弘扬中华优秀传统文化的精神价值，也能够进一步增强国家和民族的向心力。

文化是人类信念、信仰的源头。文化自信则是一种坚定的信念，是对自身文化元素的自信、对自身文化特性的坚守、对自身文化价值的肯定、对自身文化生命力的信任。[②] 文化自信中的文化信念体现了对国家和民族历史文化的坚定，这种坚定信念可以进一步提振对于家、国的归属与热爱。

多元文化理解亦是强调一种文化认同，这种文化认同突破了特定国家或者单一民族文化的局限，强调对不同文化的尊重与认同。各族文化和而不同、相互理解，相互尊重是当今时代共建人类

---

① 顾海根，梅仲苏.爱国情感教育心理学研究[M].北京：人民教育出版社，1999.

② 云杉.文化自觉文化自信文化自强：对繁荣发展中国特色社会主义文化的思考（中）[J].红旗文稿，2010(15)：4-8.

命运共同体的重要保障。进行多元文化教育的使命不是保护某种文化,发展独立文化,而是在保持各民族文化基本内核不变的前提下,促进多种文化和谐共生,弘扬优秀文化成果。

在多元文化教育过程中,文化自信能够起到引领作用,没有文化自信的多元文化教育会导致思想上的混乱和迷惘。多元文化教育又促进文化自信的形成,因为我们的文化自信不是夜郎自大式的盲目自信,而是在对差异性文化理解、包容的基础上生成的对本族文化更加理性的认识,其中蕴含着学习外来文化,提高自身文化的广阔胸怀。

培养家国情怀是实现中华民族伟大复兴的现实需要,文化自信和多元文化理解教育更是学校立德树人的要求。在教育过程中,通过引导学生辩证地看待中外文化的差异,提升学生对民族文化的认同感和归属感,可以更加坚定学生的文化自信。教育需要注重开阔学生的文化视野,同时坚定学生的文化自信,提升学生对国家的归属感与自豪感。基于这样的现实需要与逻辑思考,L - IBDP课程将对学生多元文化理解力、文化自信与家国情怀的培养作为综合目标的重要组成部分。

(二) 主动求索的终身学习者

在信息化时代背景下,知识更新速度越来越快,学习者仅依靠在学校掌握的知识已经远远不能满足社会的需要,终身学习已经成为每个人的必备品格和关键能力。养成自主学习意识,锻炼、增强学习毅力是一个人成为终身学习者的不二法门。为了适应当下加速变化的信息化时代,国家将自主学习能力作为新时代人才培养的基本目标,这不仅有利于学生个人的发展,更有助于推动学习型社会的创建。高中阶段是学生个性发展的关键时期,提高学习主动性、坚持性,让学生成为终身学习者是高中教育的重要任务。

　　对于自主学习的内涵,国内外学者从不同角度进行了阐释。我国学者一般认为,自主学习是学生自己主宰自己的学习,是与他主学习相对立的一种学习方式。[①] 如庞维国在国内外研究的基础上从学习的维度和过程两个角度来定义自主学习,认为自主学习就是学生"能学、想学、会学、坚持学",从横向维度上看,如果学生的学习动机是自我驱动的,学习内容是自己选择的,学习策略是自主调节的,学习时间是自我计划和管理的,学生能够主动营造有利于学习的物质和社会性条件,并能够对学习结果做出自我判断和评价,那么他的学习就是充分自主的。反之学习就是不自主的。从学习的纵向过程上看,如果学生在学习活动之前自己能够确定学习目标、制订学习计划、做好具体的学习准备,在学习活动中能够对学习进展、学习方法做出自我监控、自我反馈和自我调节,在学习活动后能够对学习结果进行自我检查、自我总结、自我评价和自我补救,那么他的学习就是自主的,反之学习就是不自主的。[②] 许多国外学者从心理学角度探讨了自主学习的内涵,如齐默曼强调整个自主学习过程中学习者的自我监控与调节,认为自主学习者在学习前主动激发自己的内在学习动机,学习中有计划、有策略的安排时间和学习方法,学习后能够反思学习结果并及时调节。综合国内外具有代表性的学者观点,发现学者们对自主学习内涵的表述具有一些共同特点:学习者的学习具有主动性,学习者对自己学习行为的有效调节,"自主"贯穿

---

　　① 余文森,王永,张文质.让学生发挥自学潜能　让课堂焕发生命活力:福建省中小学"指导—自主学习"教改实验研究总结[J].教育研究,1999(3):58-63.
　　② 庞维国.自主学习:学与教的原理和策略[M].上海:上海教育出版社,1996.

学习的整个过程。

由此可见,国内外学者对自主学习的认识具有一些共同的要素,积极主动地投入学习,面对困难首先寻求解决办法,能够根据需要调节学习策略,坚持朝着目标前进等。并非学生的学习动机就等于等量的学习行为,要将学生自发的学习动机转变为自主的学习行为,还需要培养学习的毅力。实践发现,学生在学习过程中往往容易松懈、难以坚持。然而,没有长期的努力,学习很难取得较大的进步。将学习毅力的形成作为课程的一个培养目标,将有利于培养学生持之以恒的学习精神和遇到困难时积极应对的态度。

为适应现代化要求,L-IBDP 整体的课程内容设置和课程实践推进充分关注学生的兴趣和需要,从而激发学生的内部学习动机。为了进一步培养学生的终身学习能力,L-IBDP 课程着力于引导学生不断调整自己的学习行为,培养学生的学习毅力,从而不断取得进步。

(三)"由博返约"的深度探究者

在知识经济和信息化背景下,我们需要的人才早已不再是通过机械记忆储存知识的人,而是能够在情境中灵活应用知识的人。知识是人类智慧的结晶,知识内蕴对促进学生个体的个性化和社会化有重要价值。人才培养,教育先行,教育应继续发挥知识传递的作用,帮助学生丰富知识储备,拓宽知识领域,深化知识理解,挖掘知识价值。当下落实立德树人的根本任务,培养学生的核心素养,必须进行课堂教学的深刻改革,确立发展取向的知识观,引导学生对知识的深度学习,发挥知识对学生成长的意义。

知识的价值可分为两种:一是以知识的传授为目的,追求知识的学科性、学术性的学科价值；二是以学生的成长作为衡量标准，追求知识对个人发展意义的育人价值。[①] 传统的授受式教学，只注重知识的传授，学生停留在对知识的表层学习，没有深入了解知识的内在结构，也没有对知识进一步加工。而核心素养最终指向人在面对复杂情境时所具备的能力，它要求学习者不仅要学会知识，而且更加注重学会学习知识的能力。[②] 显然传统授受式的教学不能满足核心素养培养的要求。培养学生核心素养进一步要求进行教育变革，且最终要落实到学习者的学习层面。学习者对知识的掌握应该达到理解、内化的程度，从而能够运用知识解决问题，进行创新。深度学习正是建立在完整地、深刻地理解知识的基础之上的。艾根认为深度学习的"深度"有三个基本标准："知识学习的充分广度""知识学习的充分深度""知识学习的充分关联度"。[③] 学习者在深度学习中不断扩展知识内容，理解知识的深层含义，建构知识之间的联系，不仅知识的价值得到了充分、全面的体现，学习者的核心素养也得到了发展。

因此，L－IBDP课程以丰富学生的知识储备，培养学生的探究意识，促进学生的深度学习为目标，从而发展学生的核心素养，为国家培养具有竞争力的人才。

（四）实践创新的问题解决者

知识爆炸的时代，为了适应社会的发展，有人尝试用填鸭式教

---

① 张良.从学科价值走向育人价值：改革开放40年基础教育改革知识价值论的演进与融生[J].课程·教材·教法，2018(12)：54－59.

② 梁岩岩.基于核心素养的初中生语文深度学习研究[D].海口：海南师范大学，2019.

③ Kieran Egan. Learning in depth: a simple innovation that can transform schooling [M]. London，Ontario：The Althouse Press，2010.

育在最短的时间内让学生掌握尽可能多的知识。结果是,学生在学习中虽然接受了诸多学科性知识,在学校考试中取得了好成绩,但是很难"学以致用",尤其是遇到与多门学科相关的真实情景时,不能综合调用已有知识,将认知转化为实践,更谈不上创新。

此外,伴随着产业升级,职业发展对人的要求不再停留在基本技能和专业知识层面,而是更注重实践应用能力;核心素养理念下,教育要培养全面发展的人,而一个全面发展的人必然不可缺少发现问题的探究力和解决问题的创新力;最后,学校实现培养科技理工人才的目标需要关注学生科技素养的发展,而提出问题、提出创造性见解的能力和品格是科技素养的核心要素之一。L‐IBDP课程基于社会的要求,基于学校培养科技理工人才的育人目标,强调学生能够创新应用知识、解决实际问题。

二、阶段目标

"不积跬步,无以至千里",任何目标的实现都不是一蹴而就的,学生的认知和能力发展是由简单到复杂、由低级到高级的过程,将培养目标划分为若干个阶段性的子目标能够为学生提供可行性参考。

(一) 初阶学习

初级阶段目标具有基础性、开放化的特点,学生学习的内容是多元的、丰富的,重视激发学生学习兴趣,培养学生学习主动性,养成学生的探究思维。

1. 理解多元文化

高中阶段学生在年龄上正处于青春期,学生的身心发展发生剧变。初中进入高中,学生的世界观、人生观、价值观尚未形成,但是这时学生已经开始对世界进行独立思考,正处于寻找与确立自我的时期。这一时期学生渴望接触多样事物,这是他们形成个性化人格的需要,且学生不再单纯通过接受父母、教师的观点来建构自身认知,而是会对接触到的理念、事物进行自己的判断,单一式的内容、灌输式的方法难以引起学生的共鸣。多接触不同文化的价值取向为学生全面认识世界提供了重要渠道。将理解多元文化作为初级阶段的学习目标,能够对课程内容和课程实施起到引领作用。在教育实践中渗透多元文化,符合学生这一阶段认知发展的需求,也有利于学生理解多元文化,加深对不同文化的尊重。

古卡连科认为:"多元文化教育的主要目的是培养文化人,这样的人拥有个人的人格,在全球化和多文化世界一体化的条件下既能独立自主地活动,也能进行集体活动。"[1]理解多元文化作为L－IBDP课程初级阶段目标的重要构成部分,克服了知识为重,更多关注学生的认知发展规律。在高一年级,要求学生首先了解文化是什么、文化的类型、人类文明的形成与演变;其次认识世界各地的文化背景,以及文化特色;最后学生能够具有"物之不齐,物之情也"的胸襟和"海纳百川,有容乃大"的认识,尊重文化差异性,积极学习先进文化。

2. 培养学习主动性

进入高中阶段,学生学习的内容增多,随着素质教育的推进和核心素养成为教育关注的焦点,国家对学生的考查也更侧重于考查学生对知识的理解。被动接受、机械记忆的情况急需转变,要想实现长远的培养目标需要引导学生主动地学习,有意义地学习。

---

① 古卡连科.多元文化教育的理论与实践[M].诸惠芳,梅汉成,译.北京:人民教育出版社,2003.

奥苏贝尔在提出有意义的接受学习理论时,指出"通过有意义的接受学习来习得意义,这绝不是一种被动的认知过程。其中涉及许多明显的活动,只不过是以发现为特征的活动"。[①] 因此,奥苏贝尔倡导的有意义的接受学习,体现为学生主动地发现、认知。在学习材料与已有认知结构之间建立实质性的非人为的联系,是有意义学习的必备条件。而这种实质性的非人为的联系也指向学生头脑中将知识加工的过程,实现这一过程需要学生具有学习的主动性。罗杰斯主张的有意义的自由学习与奥苏泊尔的有意义接受学习在内涵上有很大的不同,但是,罗杰斯从人本主义出发,同样强调有意义学习需要学生全身心投入,更强调学生的自主参与。由此可见,不论是何种有意义的学习都需要学生主动参与,高中阶段将培养学生学习的主动性作为课程目标,符合学习规律,有利于增强教育实效性。

高一阶段学生接触到许多新的知识,相比于初中知识内容更加深入,知识量也更大,这一时期需要培养学生的学习主动性,让学生养成主动探究、主动思考的学习习惯。

3. 储备丰富知识

在新一轮课程改革中,我们看到了传统"双基"教学观存在着许多不足:一是知识观方面,把知识看成客观的,将教材内容当作权威,将知识量化、分科,将知识割裂开来;二是课堂教学实践方面,为了实现学生对基础知识和基本技能的掌握,"满堂灌""死记硬背"等现象广泛存在。但是,"不积跬步,无以至千里",正如苏霍姆林斯基所说的:"如果不识记和牢固地保持这些基本知识,那就不可能有

---

① 奥苏贝尔.教育心理学:认知观点[M].余星南,宋钧,译.北京:人民教育出版社,1994.

一般发展，因为所谓一般发展，就是要不断地去掌握知识。"①丰富的知识储备是学生进一步学习的基础，也是培养创新思维的前提，是学生取得成功的重要条件。

高中阶段学生的心智发展日渐成熟，高一学生进行初级阶段的学习，积累知识，能够为之后的学习打下基础。根据中国学生发展核心素养中文化基础方面的要求，学生在高一阶段需要能够理解和掌握基本的科学原理和方法，能够理解和掌握古今中外人文领域基本知识和成果的积累等。

4. 锻炼问题思维

发现问题、提出问题是着手解决问题的基础。同时，提高学生解决问题能力的途径有很多，发现问题、提出问题则是最为有效的。提出问题的能力，本质上来讲是学生批判意识和创新思维的一个重要表现，它与实践应用能力共同构成了创新人才核心素养的重点。从课堂教学角度来看，将学生提出的问题和质疑作为课堂教学重要的生成资源，围绕学生安排和组织课程要素，是充分发挥学生在教学活动中主体作用的体现。

因此，培养学生自主发现问题的意识和能力，既符合L-IBDP课程的根本特征——以学为中心，而不是以教为中心，又为提升学生解决问题的兴趣和能力打下基础。

(二) 中阶学习

第二阶段学生学习进入中级阶段，学校致力于帮助学生在多元文化理解的基础上生成文化自信，在发展兴趣的同时养成学习毅力，逐渐找到自身的关注点，不断提升解决问题的能力。

---

① 苏霍姆林斯基.给教师的建议(下)[M].杜殿坤，译.北京：教育科学出版社，1981.

1. 文化自信

上海是一个融贯中西的开放性、国际化大都市,学生在学习和生活中会受到各式各样文化的影响,这些文化有积极的,也有消极的。高中生虽然已经基本具备独立思考的能力,但是判断力和辨别力发展尚不完善,需要学校加以引导,培养学生对待文化的正确态度——对外来文化包容、理解,对本族文化自尊、自信。

文化自信要求学生首先应该从了解、认识本民族文化出发,能够对不同文化进行客观分析,给自身文化一个合理的定位,最后生成对祖国文化的认同感、归属感和自豪感。

2. 学习毅力

美国宾夕法尼亚大学心理学家达克沃斯将毅力视为对长期目标的坚持和热情,强调个体设立长期目标的重要性。[1] 学习毅力对学生学习具有重要意义。一方面,学生的毅力品质影响学生的学习成效。张林等人的研究结果表明,学习坚持性与学业成就之间存在显著正相关。[2] 另一方面,学习毅力是学生应对世界多元文化和快速变革的核心品格之一。[3] 在高中阶段,学生的学习毅力尤为重要。

随着课程改革的推进,学习的时空局限被打破,学生在没有监督的情况下能够进行自主学习是养成核心素养的需要。对于高中生来说,他们正处于身心发展的敏感期,因此保持稳定、高水平的学习毅力非常重要。

① Duckworth Angela L, Peterson Christopher, Matthews Michael D, et al. Grit: perseverance and passion for long-term goals[J]. Journal of Personality and Social Psychology, 2007, 92(6): 1087 - 1101.
② 张林,张向葵.中学生学习策略运用、学习效能感、学习坚持性与学业成就关系的研究[J].心理科学,2003,(04):603 - 607.
③ 宋乃庆,赵秋红,罗士琰.重大疫情下中学生学习毅力现状、问题及对策研究[J].教育发展研究,2020,40(8):32 - 37+44.

3. 关注重点

为学生减负是近几年教育领域的重要议题，但知识是浩瀚的，学生学习的精力是有限的，如何让学生在学习过程中保持信心，取得水平上的提升？在我国传统的"由博返约"教育思想中我们得到了一些启发。

关于"由博返约"，孟子、朱熹、王守仁等都有论述，[1]明代学者章学诚著《文史通义·博约》专门论述这一问题，他强调"多闻而有所择，博学而要于约""学欲其博，守欲其约。学而不博，是贫乏而不足以应人求也。守而不约，是欲尽百货而出于一门也"，主张学习不能盲目求全，没有重点。[2]

学生经过初级阶段的学习已经获得了一定的知识储备，能够为之后的学习提供支架，高二年级，学生进入中级阶段的学习需要在博学的同时形成关注的重点，围绕自己感兴趣的问题进行学习。

4. 问题解决

OECD 发布的 PISA2012"基于计算机的问题解决测试"相关结果显示，上海学生问题解决平均成绩为 536 分。虽高于 OECD 的平均分值，但与上海学生在阅读素养、数学素养和科学素养三项评价中所取得的优异成绩相比较，学生们在互动型问题解决、运用知识解决问题的能力方面还不甚理想，尤其在应用认知过程处理和解决真实的跨学科问题的能力方面还有待进一步提高。[3]

世界舞台上的竞争归根结底是人才培养和人力资源的较量。科技创新人才需要具备解决复杂的、跨学科的开放性问题的能力。

---

① 潘丽瑜，张广君."由博返约"教学思想的本体诠释与价值澄清：生成论教学哲学的视角[J].高等教育研究，2011，32(11)：61-67.

② 郑雪.由《文史通义·博约》析章学诚学术见解[J].淮北煤炭师范学院学报(哲学社会科学版)，2005(3)：74-75.

③ 刘友霞.高中生问题解决能力发展的实证研究[D].上海：华东师范大学，2015.

L-IBDP 课程着力于引导学生面对问题有正确的态度,帮助学生掌握处理问题的方法和策略,养成学生解决问题的良好品质,全面提升学生理解问题、表征问题、执行计划、检核交流的能力。

(三) 高阶学习

第三阶段的学习目标主要是引导学生在文化自信的基础上培养家国情怀,磨炼学生的学习毅力,提高耐挫力,使学生朝着自己的关注点,不断深入思考学习。

1. 家国情怀

改革开放以来,随着信息网络技术的迅猛发展,全球化趋势增强,来自国外的文化和文化产品大量涌入国内。高中生好奇心强,喜欢追求时尚,有的学生在文化碰撞中迷失了方向,将外来文化当作时髦和先进,不自觉地开始产生文化自卑,事实却是外来文化中不免夹杂着不良风气和糟粕。高中生正处于可塑阶段,易受外部事物影响,这给学生的人格成长带来了很大的干扰。因此,引导学生形成正确的思想认识和价值追求至关重要。

家国情怀是正确思想认识和价值追求的必要组成部分,将"家国情怀"作为高中课程构建的目标是具有重要意义的。家国情怀要求学生认识当代中国基本国情,认同祖国文化,认同中华民族,也要求学生抱着平等、包容的心态去理解其他国家和地区的政治、经济与文化,更要主动将情怀落实到行动中,树立为国家强大、民族崛起而积极学习的理想。

2. 耐挫力

耐挫力是在竞争激烈的社会中立足的基本要求,创新力和耐挫力是学生取得卓越成就的关键素质,而创新成果的取得不可能是一蹴而就的,唯有经受住一次又一次的挫折才能够取得成功。

高中生虽然尚未步入社会,但是面临着学习的压力和成长的烦恼,"00后"学生群体享受到了更丰厚的物质条件,同时也面临着更加复杂的外部环境。高中生尚未形成健康稳固的心智模式,加上处于青春期,情绪敏感,自尊心强,他们在面对困难和挫折时容易困惑、冲动甚至自暴自弃。2016 年发布的《中国学生核心素养》中"健全人格"就包括"具有积极的心理品质,自信自爱,坚韧乐观;有自制力,能调节和管理自己情绪,具有抗挫能力等"。[①] 可见在高中阶段培养学生独立自主不依赖,逆境中不气馁,朝着目标不懈前进的习惯与品格有助于学生的成才。

3. 深度学习

根据皮亚杰的认知发展阶段论,高中阶段学生的认知发展水平在形式运算阶段后期,学生的抽象逻辑推理水平已经比较成熟;思维过程能够摆脱思维内容;能够进行假设演绎推理;能够实现高通路的迁移,有意识地将抽象知识从一种情境迁移到另一种情境。[②] 但是部分学生的学习仍然处于浅层学习的层面,他们疲于应付考试,机械记忆的学习方法、厌倦忧虑的学习态度让这些学生难以进行知识的迁移和应用。高中生认知发展不断成熟与学习层次较低之间的矛盾要求高中阶段的学习向更深层次迈进。

4. 项目学习

项目学习(project-based learning, PBL),通过创设真实的问题情境,让学生在课程融合的基础上开展广泛的项目学习实践,从而提高学生的思维水平,培养学生解决各种问题的能力。

---

① 核心素养研究课题组.中国学生发展核心素养[J].中国教育学刊,2016(10):1-3.

② 陈琦,刘儒德.当代教育心理学[M].北京:北京师范大学出版社,2007:33-34.

通过项目学习实践培养学生解决问题的能力，特别是解决复杂问题的能力，是 L－IBDP 课程的又一重要目标。解决问题的能力是社会发展的要求也是学生终身发展的需要，实际生活中各个领域遇到的问题往往都是动态的、复杂的，这些问题或许界定不清晰，或许没有明确的解决办法，这就要求学生能够排除干扰，充分调用所学知识，生成问题解决所需要的信息。

三、L－IBDP 课程的具体要求

各阶段课程目标要求的达成都有具体的成果表现，梳理这些成果表现，一方面能够检验课程建构和教学实施的成果；另一方面能够反向指导教育实践。

（一）综合目标第一方面的表现

提高学生多元文化理解能力，培养具有多元文化思维的国际人才，最终提高国家和民族的凝聚力，促进社会和谐，是 L－IBDP 课程的重要旨归。对学生跨文化理解力、文化自信、家国情怀的养成具有阶段性和连续性的双重特征，在每一阶段学生达成课程目标会有不同的成果表现。

第一，为学生提供认识其他国家和民族历史发展、政治制度、社会人文的窗口，引导学生理解这些文化从何而来；第二，提高学生与世界对话的能力，培养学生认识多元文化的客观性、重要性，让学生能够理解、包容不同的文化；第三，引领学生充分感受传统文化的魅力，用革命精神和社会主义核心价值观来指引自己的成长；第四，要积极主动地传承、发扬优秀中华文化，对外来优秀文明成果保持开放的态度；第五，身为一名有见识和负责任的公民，及时对国家和全球性问题进行反思；第六，以身为中国人为豪,热爱祖国,忠于祖国,将个人幸福同国家、民族的前途命运联系起来(见表3-1)。

表3-1　综合目标第一方面成果表现

成果表现具体内容
广泛了解其他民族的文化特征,认识不同文化产生的背景
具备跨文化交际技能、多元文化意识、多元文化理解能力
深入认识、理解中华优秀传统文化、党领导下的革命文化和社会主义先进文化的形成、发展与价值
珍惜优秀中华文化,乐于将本国在文化创新创造中取得的成就分享给世界,积极接纳一切文明优秀成果
具有国际视野,关心国际社会,成为一名有远见又负责任的公民
以身为中国人为自豪,对中国充满归属感,具有为国家富强、民族振兴而不懈奋斗的信念和行动

(二) 综合目标第二方面的表现

L-IBDP课程以学习为中心,既注重学生认知能力的发展,又关注对学生非认知能力的培养。学生学习的主动性、学习毅力以及学习耐挫力是学生取得学业成就的关键品格,也是终身学习素养的重要组成部分。

首先,L-IBDP课程关注学生的主动性,学生要主动求知,自主探索,善于自我调节,同时还需要选择合适的方法和策略,学会有效的沟通与合作;其次,L-IBDP课程注重对学生学习毅力的培养,即学生在遇到困难时不退缩,能坚持不懈地尝试,直到攻克难题;最后,L-IBDP课程强调学生在学习和生活中具有耐挫力,在失败时,不自怨自艾,积极分析不足之处,总结经验不断进步(见表3-2)。

表 3 - 2 综合目标第二方面成果表现

成果表现具体内容
主动求知,掌握研究性学习的基本方法,选择适合自己的学习方法和策略,勤于反思,自我调节
有信息意识,通过网络寻找学习资源;主动与老师、同学沟通交流
能识别遇到的阻碍难题,并大胆尝试,积极寻求有效的方法攻克难题
能不畏困难,坚持不懈地探索
正确看待成功与失败,将成败归因于努力
在学习中养成耐挫的品格,成为坚强的人,在学习和生活中能够保持朝着目标不断努力

(三) 综合目标第三方面的表现

生产方式的变革导致社会工作对人能力需求的改变,在信息社会背景下,机械重复的工作越来越少,取而代之的是非常规的创新性工作。教育的目标也随之改变,现代化教育不再强求学生将大量的基础知识储存在头脑中,而要求学生掌握概念框架,理解内容原理。强调学生能够就自己关注的问题进行深度探究,将所学知识广泛利用到问题解决中,不断提高自身的认知水平(见表 3 - 3)。

表 3 - 3 综合目标第三方面成果表现

成果表现具体内容
具有人文底蕴,包括人文积淀、人文情怀和审美情趣等
具有科学素养,包括理工科核心学科内容、理性思维、批判质疑、勇于探究等
具有好奇心和探索的欲望

（续表）

成果表现具体内容
形成关注重点，对六大学科领域中的一门进行深入研究
掌握内容原理及关系，厘清知识结构；能够跨学科或情境应用事实性、程序性知识和理论
提高理解力、分析力、综合力、概括力、抽象力、推理力、论证力和判断力等

（四）综合目标第四方面的表现

着眼于提高我国全球竞争力对创新型科技人才的需要，基于学校理工大学附属中学的底色，L-IBDP课程将培养科技理工人才作为重要目标。问题解决能力是科技人才的必备素养，课程根据学习规律和学生认知规律设计了不同阶段的目标。

首先，学生面对知识不再是被动接受，而是用批判的视角看待现有的知识，将知识与自己认知结构中已有的认识相关联，产生认知冲突，提出疑问和问题；其次，学生在认知冲突中找到自身的兴趣点，选择感兴趣的课题，对问题进行理解、表征，借助外部资源，利用自身知识储备，深入探究问题；最后，学生在教师的指导下撰写研究报告或形成探究成果，并与同学们进行交流，反思问题解决的过程与结果（见表3-4）。

表3-4　综合目标第四方面成果表现

成果表现具体内容
具有问题意识和批判思维，在学习中积极思考，独立判断，勇于提出问题；能够辩证地、多角度地看待事物，善于提出问题
学习研究性学习的基本方法；根据兴趣和自身学习基础选定研习的课题，了解有关问题的背景材料

（续表）

成果表现具体内容
掌握问题解决的一般逻辑
能够协同合作，能够发掘利用各种资源自主解决问题
融合运用跨学科知识解决真实情境中的复杂问题
提高学术研究能力、写作能力；形成成果，交流反思，不断发现新问题、新方法

第二节　量体裁衣，立足本土
生成课程内容

包括 IB 课程在内的各种国际课程的理念和实施策略有很多核心共性值得我们借鉴，考虑到我国的教育是具有中国特色的，上海交通大学附属中学作为一所老牌理工科高中亦具有自身的传统和底色，学校没有照搬照抄 IBDP 课程，而是借鉴其三大核心课程，结合自身的校情和培养目标，完善校本课程体系。

一、IBDP 的三大核心与六个学科

IBDP 课程是 IBO 立足于终身学习理念构建的一套综合性课程体系。2013 年，IBO 启用多层次同心圆式课程模型，相比前期的六边形框架（见图 3-1），新的课程模型仍然采用原先的三大核心课程：创意、活动、服务（creativity、action、service），知识论（theory of knowledge），拓展论文（extended essay），虽仍采用六大学科领域，但对原有六大学科领域进行了较大调整。

更新后的六大学科领域分类更为清晰明确（见图 3-2）。

语言和文学研究，即为母语学习。

图 3－1　IBDP 六边形课程框架

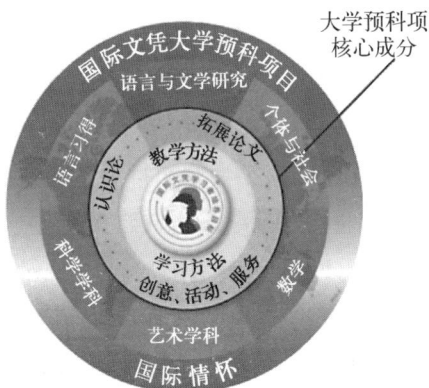

图 3－2　IBDP 的三大核心与六个学科（2013 年启用）

语言习得，即除母语外的其他语言，其中英语是必修，学生需要再择一门现代语作为选修。

个体与社会，主要包括历史、地理、心理学等人文科学学科。

科学学科，在圆形结构中，科学作为第五学科领域，调整后的科学学科纳入了计算机科学这一学科，计算机科学与物理、化学、生物、设计技术以及体育、运动与健康共同构成了科学学科领域，数学作为单独的学科领域，这种变化意味着在 IBDP 课程中计算机思维与数学思维都相当重要。

艺术学科，主要包括音乐、美术、戏剧等，并在 2011 年后引入了舞蹈课程，为学生发展艺术兴趣和潜能提供了更加多样化的平台。

数学，包括从初级到超高级四个水平的数学学习。

除以上六大基础型学科领域外，IBDP 课程还包括创意、活动、服务，知识论，拓展性论文三大核心课程，它们是大学预科项目的核心成分。

创意、活动、服务（creativity，action，service，CAS）：以培养学生的创新能力、服务意识为目标，支持学生广泛组织、参与校内外的各种文化体育互动和支援服务。

认识论（theory of knowledge，TOK）：认识论在 IBDP 课程体系中是一门跨学科必修课，认识论模块涉及的内容非常宽泛但并不深入，它并不强调学生要学会某一特定领域的知识，而是重点关注学生思维品质的提高和探索知识的过程。

拓展论文（extended essay，EE）：学生需要完成一项完整的调查研究，并形成研究论文，在此过程中会有教师提供指导和帮助，旨在培养学生的独立思考能力、信息收集和信息处理能力、论文撰写与书面表达能力等。

IBDP 课程与我国国家课程方案具有多方面契合之处，如两者都打破学科界限，将学习内容划分为若干学习领域，两者都重视实践活动的开展，这为上海交通大学附属中学引入 IBDP 的理念与框架提供了可能。IBDP 三大核心课程中，TOK 与上海交通大学附属中学的科技理工特色,CAS 与生涯发展规划之间又有着内在关联性,因此,IBDP 的课程理念与框架为上海交通大学附属中学构建学校课程提供了借鉴。

二、借鉴 TOK 培养科技理工素养

在信息化社会背景下,以"解决问题、逻辑思维、批判意识和创造力"为特点的科技理工素养,已经成为当代青年适应时代需要的必备能力。科技理工素养包括科学素养、技术素养、数学素养和工程素养等。STEM 是科学(science)、技术(technology)、工程(engineering)和数学(mathematics)的交叉融合。STEM 的所有元素在高中课程标准的理念中均有体现,在四个方面的相互支撑、相互补充、相互碰撞中,实现深层次的学习,促进学生全面发展。

为规避传统拓展探究课程涉及的知识领域单一以及部分创客教育局限于在学生中推广发明创造的窘境,学校借鉴 TOK 的经验,整合 STEM 课程理念,不断提升学校特色精品 STEM 校本课程,为实现培养学生科技理工素养提供条件。

在 IBDP 课程体系中,TOK 涉及的是认识论方面的内容,主要关于知识本质、知识方法和知识领域,TOK 课程的目标是激发学生对课堂内外获得的知识或经验进行批判性的反思和质疑,培养学生个性化且合理的思维方式。可见 TOK 课程向我们展示了一种以学生为中心的教育理念,这与我国新一轮课程改革中强调学生是学习的主体,以及上海交通大学附属中学课程建设以学习为中心的理念具有一致性,其精神理念对上海交通大学附属中学完善 STEM 校本课程也具有借鉴意义。

为更好实现培养科技理工素养的目标,借鉴 TOK 经验,上海交通大学附属中学对 STEM 课程的开设做了如下设定:首先,教

师在 STEM 课程的科学、技术、工程或数学领域提出一个基于真实情境的具体问题;其次,教师引导学生提出假设,验证假设,得出结论;最后,组织学生进行分享、评估和交流。在此过程中,学生从真实的问题出发,挖掘自身已有认知结构中的可用知识,并且不断主动收集外部新信息,加强知识之间的关联,而新的信息在通过批判的思考和质疑之后将会纳入自己的认知结构。在这一过程中,信息不断进行联系、冲突、重组,形成新的问题。从而,学生的批判反思意识和逻辑推理能力得到提升,学生的认知结构在问题解决的过程中也会不断升级。

三、CAS 与生涯规划课互为抓手

随着高中生自我意识的发展,他们开始思考自身的价值和人生的规划。学生这一阶段需要认识自己,深化自身的品格与修养,为未来的生活做准备,对自己的人生有初步的规划。《上海市学生职业(生涯)发展教育"十二五"行动计划》的核心就是关注学生的生涯发展。生涯教育并不局限于专业领域,而是涵盖与学生未来发展相关的学业、能力、兴趣、品行等方方面面。

高中阶段面临高考,人生规划指导课程容易被边缘化,这会导致部分学生认识自我、认识社会的能力不足,缺乏人生理想和规划,社会责任感缺失。学校为实现立德树人的根本任务,将学生职业生涯规划教育放在了重要位置。然而生涯教育如果流于形式,只是灌输说教,缺少实践性学习,势必不能取得预期的效果。学校借鉴 IBDP 课程中的 CAS 为生涯发展规划教育提供抓手。"创意"指艺术和其他能够涉及创造性思维的经历;"活动"指为了健康的生活方式,补充全科课程学习生活的体力付出;"服务"则是对学习有益的无偿志愿付出,并对所涉及的个人,尊重他们的权利、尊

严和自主权。IBDP课程希望学生在CAS实践中加强自我意识，主动求索、相互交流，帮助学生自觉生成优秀品质和群体卓越文化，为学生的终身发展打下良好的基础。这与生涯发展教育的目标不谋而合，因此CAS可以作为生涯规划教育的实践抓手。

为了实现"为了每一个学生的终身发展"的长期目标，通过开展创意、活动、服务实践，上海交通大学附属中学对生涯规划课程做了如下设计：首先，教师引导学生进行生涯认知，启发学生思考自身的人生发展；其次，开展CAS，通过课题式综合学习实践（创意）、研学社会实践（活动）和学生模拟社区（服务），学生在实践中体会生活，产生疑问并解决困惑；最后，引导学生在实践体验的基础上做出生涯选择，反思自身的优势和不足，规划自身未来发展方向。从而生涯教育取得实效，培养出全面发展、终身发展的人。

四、对标课程标准：六大课程领域

课程标准是一种教育指导性文件，指导着各级各类学校的课程设计和运行。我国最新课程标准规定，高中核心课程包括八个学习领域：语言与文学、数学、社会与人文、科学、技术、艺术、体育与健康、综合实践活动。

八个学习领域按照属性和价值相近的原则将学习科目设置在若干学习领域中，如语文、外语属于语言与文学领域，思想政治和历史则属于社会与人文领域，地理、物理、化学、生物属于科学领域，信息技术与通用技术两个科目属于技术领域，音乐、美术则属于艺术领域，数学、体育与健康则作为单独的大类开设，以上七个大类与综合实践活动共同构成了国家课程方案的八大学习领域。与其他七个学习领域不同，综合实践活动内容上涉及各个学科，形式上主要包括研究型学习、社区劳动、志愿服务、社会实践等（见表3-5）。

表 3 - 5　高中新课程八大学习领域

学习领域	科　目
语言与文学	语文、外语(英语、日语、俄语)
数学	数学
社会与人文	思想政治、历史
科学	物理、化学、生物、地理
技术	信息技术和通用技术
艺术	音乐、美术
体育与健康	体育与健康
综合实践活动	研究型学习、社区劳动、志愿服务、社会实践

　　高中新课程标准按照学科属性相近的原则设置八大学习领域,符合知识本身的内在规律与学生的认知发展规律,将相邻的学科归为同一学习领域,有利于学生将不同学科的知识进行勾连,从而形成系统化的认知。设置学习领域,配合选课机制,打破了文理界限,充分给予学生可以依据自己的兴趣和能力选择学习内容的空间,又对学生提出了不偏科的要求。

　　聚焦本校课程旨趣,上海交通大学附属中学借鉴 IBDP 课程,对国家的八大核心课程进行融合创新,构建了校本化的课程体系。学校课程框架由六大课程领域支撑,且每一个课程领域的生成都有其内在逻辑。

　　第一,创设"语言与文学"课程领域。语言是符号系统。文学是以语言文字为工具形象化地反映客观现实的艺术。高尔基说:"语言是文学的第一要素。"又有人说"文学是语言的艺术",语言与文学之间有着天然的联系。然而值得注意的是,语言不仅仅是某一民族或国家的口头言语,更是思想交流的桥梁。上海交通大学附属中学在培养学生语言能力和文学素养的同时，更注重对学生交流能力的培养，以"能说善写"作为语言课程的培养目标，广泛关注对学生语言能力、文化意识核心素养的培养。交流是相互的，语言交流一方面涉及由内而外的口头或书面输出，另一方面涉及向内的理解与思考。在全球化背景下，跨文化领域的语言交流增多。以上，将语言与交流作为 L－IBDP 的重要内容，融合了工具性与人文性的特点，有利于发展学生的跨文化能力，培养新时代复合型人才。

第二，创设"数学与逻辑"课程领域。数学是研究数量关系和空间形式的一门科学，逻辑是关于人类思维规律的知识与技能。可以说，数学是最讲究逻辑推演的学科之一，数学的学习就是不断表征问题、分析问题、解决问题的过程，在高中学习数学和应用数学的过程中，学生的抽象思维能够得到很好训练，逻辑推理能力得到一定提升，问题解决能力随之增强。反过来讲，逻辑包括理解数量关系和感知空间形式等，逻辑推理能力的提高有助于数学能力的提升，但逻辑又不完全包含在数学中，在科学、历史等学科中也包含着一种逻辑分析与推演，将逻辑作为学习领域的一个方面提出，与数学并列，蕴含着用逻辑打通思维界限的意义。

第三，创设"科学与技术"课程领域。科学与技术课程融合顺应了现代课程的要求。高中阶段的科学与技术课程包括物理、化学、生物、地理、劳动技术和信息技术，从字面上看，前四者偏重科学，后两者偏重技术。然而，随着现代科技的发展，两类不同侧重的课程必须在高中教学实践中实现渗透与融合。譬如，科学类课程通过技术这一纽带与社会生产、现实生活相联系，技术类课程往往涉及工艺过程、作业程序和产品制作等，其中渗透着科学思维，是科学思维成果的物化。不仅如此，两类课程对于学生能力也有着重要交集，包括观察、预测、测量、分类、推理、估计等基本能力，以及明确问题、假设、控制变量、实验、定义、解释和研究等综合能力。

第四，设立"社会与人文"课程领域。以历史、思想、政治等学科为核心的人文社科类学科，是在正确世界观、价值观和人生观指导下，对人类的过去与今天进行叙述和阐释的学科，是培养年轻人历史意识、公民意识、文化素养与情感价值观念的重要基础。基于以上认识，学校将拓展学生的社会人文视野作为这一课程领域的核心目标，在各学科的教学实施中，努力发展学生的人文思维，提高人文学科核心素养的落实力度，让学生能够从社会发展的角度增强文化自信，树立正确的人生态度和价值观念，为未来的生活奠基。

第五，设立"体育与健康"课程领域。体育与健康课程是以学生身心发展特点和学习规律为依据，基于生命、指向生命、提升生命质量的学科，对于促进学生身心健康、体魄强健，推进"健康中国"建设，增强中华民族的旺盛生命力，促进社会文明进步，培养德智体美劳全面发展的社会主义建设者和接班人都具有不可替代的重要作用。

第六，创设"艺术与欣赏"课程领域。艺术是人类运用特定媒介、形式和方法，将思想和情感表现为审美形象的创造性活动。艺术与欣赏关系密切。艺术课程的核心正是让学生能够发现美、欣赏美。艺术与欣赏课程将培养学生"坚守中华文化立场，展现中华审美"的文化自觉和自信，并将这一目标贯彻教学始终。该课程的价值如下：为学生提供审美体验；开发学生的艺术潜能与创造力；促进民族艺术的传承和世界多元文化的融合；提高学生表达自我、团队合作、人际交流等多种能力，艺术类课程的教学活动中也体现了科学过程中所包括的各种逻辑推断以及艺术领域的各种专业技能。

需要说明的是，上海交通大学附属中学不设专门的综合实践活动模块，而将其融入上述六个基本模块中。此举并非降低综合实践活动地位；恰恰相反，学校力图基于学生的认知发展规律和知识的内在规律，将综合实践融入各类教育教学活动，促进其与各学科课程的深度渗透与融合。

五、构建 L-IBDP 整体课程图谱

学校厚植理工大学附属中学基础，着力建设"科技特色高中"，聚焦学生核心素养发展，根据国家课程方案，将国家八大课程领域进行内容重构和流程再造，构建了校本化课程图谱（见图 3-3）。

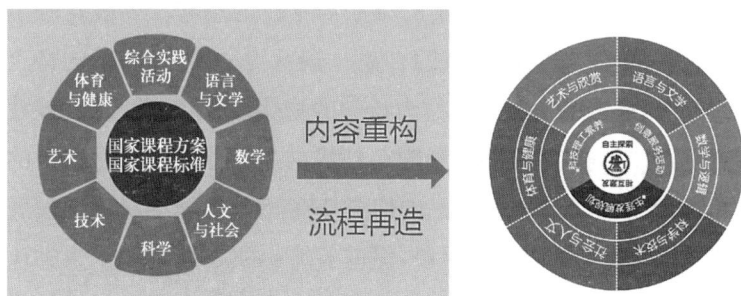

图 3-3　L-IBDP 的课程模型

L-IBDP 课程模型包括一个内核、三个层次。一个内核是指以学习为核心；第一个层次为学校"自主探索，相互激发"的育人方式，第二个层次为三大核心课程：科技理工素养，创意、活动、服务，生涯发展规划，第三个层次为六大课程领域：语言与文学、数学与逻辑、科学与技术、社会与人文、体育与健康、艺术与欣赏。L-IBDP 项目着力打造"自主探索，相互激发"学习氛围，将具备创新素养的

学生集中在一起,给予他们独立的空间进行自主探索,组建项目团队,让他们可以在自主探索中相互激发,实现个体成长和团体成就,且 L‐IBDP 的课程理念与项目成果不断起到辐射、带动平行班的功效。

L‐IBDP 课程进一步将国家的八大课程中的科学与技术融合为一门核心课程,并将综合实践活动融入整个课程中,建构出三大核心课程和六大课程领域。

(一) 科学领域与技术领域融合统一

科学与技术融合是基于两者的内在关联性。科学是关于自然、社会、思维的基本理论、概念或原理。技术是为实现生产过程和非生产需要的经验和科学的方法与手段的总和。科学着眼于"知",呈观念状态;技术着眼于"做",属行为领域。[①] 科学的特点是探究,侧重于理论。技术作为科学的物化,联结科学与应用,其特点是设计,侧重于实践。科学与技术的差异性并不排斥它们的关联性,科学是当今技术产品的构成基础,反之技术为科学的发展提供了探索世界的工具和手段,促进了科学的发展,提高了人类认识世界的能力。因此,科学和技术存在相互依赖,又相互促进的紧密关系。

科学与技术教育相融合对高中生发展核心素养具有关键性意义。斯坦福大学赫德教授 1975 年指出:"技术素养与科学素养应当并列成为科学教学的主要目标。"[②]科学精神可以说是现代人的

---

① 曹俊军.论高职课程中科学、技术、人文的融合[J].大学教育科学,2008(2):63‐65.

② Hurd D H. Science, technology, and society: new goals for interdisciplinary science teaching[J]. Science teacher, 1975, 42(5): 405‐411.

必备品格，是学生科学素养的高层次表现，科学精神强调的是理性与实证性、探索与创新性。运用科学技术找到科学理论的实证依据，能够让学生形成实事求是的科学态度，同时技术的应用能够帮助学生体验科学过程和方法，为学生进行科学探究提供创新驱动力。

（二）三大核心提亮综合实践活动

2001 年《基础教育课程改革纲要（试行）》明确要求，将综合实践活动设为高中必修课，其主要内容包括信息技术教育、研究性学习、社区服务与社会实践以及劳动与技术教育。[①] 之后的一些改革方案均强调落实综合实践活动课程的开展。[②③]

科技理工素养，创意、活动、服务，生涯发展规划作为上海交通大学附属中学课程体系中的最大特色之一，对标国家课程方案中的综合实践活动，一方面为各学科的深度渗透与融合提供落脚点；另一方面也是培养学生创新素养的重要引擎。

为各学科课程的深度渗透与融合提供抓手。基于项目学习的高中综合实践活动旨在引导学生从问题出发，自主进行实践探究，获得解决真实问题的知识和实践经验，培养学生的社会责任感、创新意识和实践能力。在 STEM 课程理念下，问题的解决需要学生调用不同领域的知识，而学生参与综合实践活动的过程就是将知识活学活用的过程，这一过程知识实现了从"课程教学层面融合"

---

① 中华人民共和国教育部.基础教育课程改革纲要（试行）[EB/OL]. http://www.moe.gov.cn/srcsite/A26/jcj_kcjcgh/200106/t20010608_167343.html,2001.

② 中华人民共和国教育部.关于深化考试招生制度改革的实施意见[EB/OL]. http://www.moe.gov.cn/srcsite/A26/s8001/201801/t20180115_324647.html,2014.

③ 中华人民共和国教育部.中小学综合实践活动课程指导纲要[EB/OL]. http://www.moe.gov.cn/srcsite/A26/s8001/201710/t20171017_316616.html,2017.

到"学习应用层面融合"的转变。

为实践创新素养培养提供动力。实践创新素养可以阐释为知识与技能,创新探究(过程与方法),创新情感、态度与价值观三个方面。在综合实践活动过程中,学生通过跨学科活动习得新知识,掌握新技能,体悟解决问题的底层逻辑,思考解决问题的新方法,形成创新情感和态度,培养实践创新意识和能力。在创新人才培养过程中,人才对社会有责任感也是非常重要的,这意味着我们要培养的人才一定要能够主动扮演好自己的角色,自如地处理与他人、与社会之间的关系,将综合实践活动融入课程体系中,有利于学生在真实的实践情境中学会协同创新,自觉履行责任。

第三节 跬步千里,加紧完善课程规划设计

"现代课程理论之父"拉尔夫·泰勒倡导的目标课程模式一直被作为基本框架,它确定了课程开发与研究的基本思路和范围。泰勒在《课程与教学的基本原理》中指出建构任何课程或开发任何教学计划都必须回答四个基本问题:

第一,学校应该试图达到哪些教育目标(确定教育目标);第二,提供什么样的教育经验最有可能达到这些目标(选择学习经验);第三,怎样有效组织这些教育经验(组织教育经验,即进入课程实施环节);第四,如何确定这些目标正在得以实现(评价教育计划,通过课程评价检验教育目标的实现)。

根据泰勒原理,在分析 L-IBDP 课程目标的基础上,进行课程图谱的构建,选择适切的教育经验,合理组织教育经验,支撑目标的实现。

一、学校整体课程安排

学校根据上海市高中 2021 年度课程计划要求，开设基础型必修课程、拓展型选修课程、选择型校本课程三类课程。每类课程中的科目设置如表 3-6 所示。

表 3-6　上海交通大学附属中学课程图谱

课程类型	课程开设情况
基础型必修课程	语文、数学、外语、物理、化学、生命科学、思想政治、历史、地理、艺术、体育与健身、劳动技术、信息科技
拓展型选修课程	学科活动、专题教育或班团队活动、社区服务与社会实践
选择型校本课程	在课程融合的基础上进行专题探究

(一) 基础型必修课程

学校整体上开设的基础型必修课程包括 13 种科目：语文、数学、外语、物理、化学、生命科学、思想政治、历史、地理、艺术、体育与健身、劳动技术、信息科技。语文、数学、外语三门课程在三个年级均有开设，且每周保持 3 课时；物理和化学仅在高一、高二年级开设，每周 2 课时；生命科学课程总课时数为 102，在高一或高二年级开设；三个年级均开设思想政治课程，且在高三年级第一学期安排社会调查专题课程，高三年级第二学期安排重大时事政治专题教育；高三年级不开设历史课程；地理和信息技术两门课程都只在高一开设；艺术课程每周的课时数为 3；体育与健身课程每周 9 课时。

为保证拓展型课程和选择型课程的开设，学校规定高一、高二年级基础型课程的周课时数不超过 30,高三不超过 20。

(二)拓展型选修课程

拓展型选修课程包括社区服务与社会实践、学科活动以及专题教育或班团队活动类课程。

社区服务与社会实践是学生必选的选修课,每学年安排两周,分散安排和集中安排相结合,每个年级的活动主题都是由学生和教师共同选定的。

学校学科活动类拓展课程主要采用短周期项目化学习的形式,以某一学科为连接点,在多门课程融合的基础上组织学生进行项目学习活动。如在高一时每周至少安排一次与语文相关的学科拓展型课程,包括"语文+历史+思想政治""语文+化学""语文+地理"等多种组合;在高三年级学生已经完成相关学科基础型课程且准备参加高中学业水平等级性考试时,为学生安排历史、思想政治、物理、化学等拓展型课程。

专题或班团队活动类课程与学科活动类课程相结合,其中专题的选择对标教学目标的实现,如学校为加强学生的心理健康教育,将生命教育心理健康互动课常态化;为促进学生形成统整化的认知结构,专题的选择与专题内容打破学科界限,融合多个学科。

(三)选择型校本课程

上海交通大学附属中学立足学校的办学特色,从本校学生的实际需求出发,为学生开设了多样的选修课程,供学生自主选择,并进行集中安排,三个年级平均每周 2 课时,采用课题研究、项目设计等形式进行,课程实施的场域不局限于课堂上、学校内,而是充分利用大自然、大社会中的"活教材",涉及各学习领域。

二、L‑IBDP 课程的地位和功能

L‑IBDP 课程广泛借鉴国际课程中优秀的教育思想与实践，尤其是参考 IBDP 课程三大核心内容的理念，构建了一整套校本特色课程体系，并且学校将 L‑IBDP 课程中的许多内容辐射到平行班中，对全校的课程教学改革起到了引领作用。

(一)融合创新，完善校本课程体系

学校通过研究 IBDP 课程，学习国际课程中的先进理念和元素，通过在实践中运营国际课程，了解国际课程的教育改革，增加普通高中课程的现代性，丰富普通高中的课程内容。融合性、创新性、实践性是现代化课程体系的显著特点。

首先，基于学校的育人目标和办学特色，上海交通大学附属中学借鉴 IBDP 课程中"认识论(TOK)"对于知识建构理论和知识的哲学思考，完善了"科技理工素养"的培养方法；其次，我们参考了该课程中的"创意、活动、服务(CAS)"的实践性学习方法，嫁接在"生涯与职业规划"的校本课程中，如此，通过国际课程的引入使各学科之间的知识联系更加紧密，为学生的创新实践提供了更多机会。L‑IBDP 课程进一步帮助现代化校本课程的体系更加完善，课程的实施更加扎实。

(二)示范引领，辐射全校课程教学

L‑IBDP 课程自实施以来师生取得了许多优秀项目成果，如2010 年获得世界头脑奥林匹克比赛冠军，2016 年获得上海市中小学中青年教师教学评选活动一等奖，2017 年获得国际可持续发展奥林匹克竞赛银牌等。

　　当然,取得成果奖项并非项目的终极目标。L‐IBDP 课程在培养一批优秀国际化人才的同时,进行了引领、辐射实践,引领全体学生进行创新学习,不仅参与 L‐IBDP 课程项目的学生必须完成课题,全校范围内每位学生都要参与课题研究,获奖的学生也渐次覆盖到各个班级,可见 L‐IBDP 课程的理念与实践对全校课程教学的示范引领效果显著。

小结

　　L‐IBDP 课程框架呈现出国家标准、学校特色、海纳百川、与时俱进的特点。尤其对于备受世界名校认可、拥有"国际教育领跑者"之称的 IB 课程,我们决不奉行"拿来主义",而是汲取其核心理念和优质设计的可取之处,并对国家课程进行校本化延伸,打造植根本土、博采众长、与学校特色相契合的高质量课程体系。

第四章

课程实施：L-IBDP 课程的实践推进

L-IBDP 课程形成了"推陈出新""疑而能问""融会贯通""高瞻远瞩""群策群力"五个方面的实施特点，致力于培养学生的自主学习能力和问题探究能力，提升学生的社会责任感和多元文化意识，引导学生探究自身在自然和社会中的位置，从而形成正确的价值观。

第一节　推陈出新，深刻改变
课堂教学

传统教学模式的大致流程如下：课前教师备课、学生预习，上课时教师讲课、学生记笔记，课后学生练习、教师批改。这种教学模式在完成知识传授的任务上是有效的，但也存在诸多弊端，如学生被动学习、课堂教学机械化、只注重学科知识的记忆而忽视对多方面能力的培养……L-IBDP 课程具有不同于传统课程的教学模式，它以灵活、多样化的教学方式为课堂教学注入了新的活力。

一、创设情境式教学

创设情境式教学即教师结合教学内容，创设特定的情境，营造合适的情感氛围,唤起学生的精神共鸣,从而集中学生的注意力,激发学生的学习兴趣。教师创设的情境可以是语言情境,如借助于富有感情的朗诵片段引导学生进入预设的教学情境中。可以是生活情境,如组织学生进入生活实际进行直接体验,或用语言描述某种生活情境来唤起学生的回忆,有利于学生从原有的知识经验中生长出新的知识经验,沟通生活与知识学习。还可以是生命情境,如虚设某种生命场景、讲述生命故事等,唤醒学生的生命主体意识,引导学生对生命的关怀和尊重。情境创设是情感生发、重构深度学习的有效途径,没有可感知的情境,很难有真正的认知体验。学习过程不仅是学习知识的理性过程,更是情景交融、心智合一、情感认知共生共融的过程。

二、先行学习者教学

先行学习者教学是指教师在进行新课前,要求学生提前了解知识背景,积极思考,尝试将新知识与生活经验相联系,并将自主学习过程中的体验与感悟以情境或游戏的形式展现在全班同学面前。"先行学习者"通过使用多媒体等方式虚拟现实情境提出问题,或通过角色扮演等形式让学生参与其中,引发学生思考。让学生在不知不觉中完成新知识与既有经验的连接,以及对所学知识进行深度思考。"先行学习者"教学以趣味化的教学方式使学生乐在其中,有效培养学生自主思考、积极探索的能力,发现问题、解决问题的能力,以及搜集、处理信息的能力。

三、自主探究式教学

自主探究式教学指教师引导学生自主进行课堂学习并探索问题、解决问题。自主探究式教学需要体现学生在课堂教学中的主体地位,教师要明确自己在课堂教学中的定位,尊重学生、了解学生,高屋建瓴地点拨学生主动完成知识学习,注重转变学生思维方式。根据学生的身心发展特点和实际学习水平设计教学环节,激发学生的学习兴趣,引导学生自主学习。自主探究式教学以探究为主,需要教师发挥自身的作用,引导学生循序渐进地探索知识,培养学生积极探索问题的精神,锻炼学生勇于质疑、敢于创新的能力。

自主探究式教学的"自主"中包含"探究","探究"建立在"自主"之上,两者相互促进。学生在进行自主探究的过程中,发现问题、解决问题的能力得到提升,搜集处理信息的能力得到锻炼,问题意识、探究意识得到培养,学生能够有效认识自我,并实现自我超越。

四、合作学习式教学

合作学习式教学是指学生组成学习小组,小组成员在教师的引导下合理分工、共同协作、合力探讨问题。在解决问题的过程中,能够有效地培养小组成员分工协作的能力、合作交流的能力。由于小组中的每一个个体都具有不同的特质与优势,如何扬长避短、合理分工,让每一个人的效用最大化,从而得到最优质的解决办法是每个小组都需要考虑的问题。同时,由不同个体组合而成的学习小组也具备不同的特质,这些学习小组对同一个问题有着不同的看法与解释,通过小组内部成员之间以及小组与小组之间的交流探讨,学生的思想发生碰撞,思维得到拓宽,更能够深化学生的认识。学生通过积极分享自己的看法,接受他人的看法,学会接纳他人,欣赏他人,与他人和睦相处。

与传统的教学模式相比,合作学习式教学中教师扮演着指导者、推动者和辅助者的角色,更加重视学生与学生之间、学生与教学材料之间的互动,真正实现了以学生为主体的课堂教学。

五、参与式教学

参与式教学是指在民主、活跃的课堂氛围下,教师鼓励学生积极表达和互相交流,使学生主动参与到课堂教学中的教学方式。参与式教学的核心是教师在教学过程中明确学生在参与式教学中的主体地位,秉承一切教学活动的设计与开展都是为了帮助学生更好地学习知识和健全学生发展的原则。参与式教学注重学生参与课堂问题的思考,积极表达自己的想法,激发学生合作探究的兴趣,注重学生对知识的主动建构。在教学过程中,教师通过不断了解学生的参与情况,及时根据实际情况掌控课堂教学,并有针对性地进行点拨与讲解,不断增强学生学习的信心,提高学习效率,从而达到更好的教学效果。

这种教学方式突破了原有教学的局限,为学生提供了更好的学习和发展平台,激发并维持学生的学习动机,培养学生自主思考的意识,充分挖掘学生的内在潜力,激发学生的创新精神。

附：采取浸没式戏剧教学法教授张爱玲的《封锁》

【设计说明】

本课教学时间为 1 课时,主要探究的是《封锁》中人物的心理(尤其是主要人物吕宗桢与吴翠远在封锁后的心理转变)及其作用。

浸没式戏剧教学法,要求学生扮演乘客(吕宗桢、吴翠远、中年夫妇、吕宗桢对面的老头、抱小孩的奶妈、医科学生、两个从公事房回来的人等),还原出封锁后电车中的场面。与一般课本剧有所不同的是浸没式戏剧教学法要求学生既是观众，又是亲历者。学生可以在表演中根据人物的性格特点，在合乎情理的基础上，与其他角色进行一些原创性的对话或补充原著中没有的言行举止或内心独白。部分学生还需承担道具制作和空间布置的任务，将整间教室布置成电车。

专题研讨将在戏剧表演后进行，研讨主题是"小说人物心理谈"。不同角色需从人物心理角度分享对自己所扮演角色与其他角色的理解（扮演吕宗桢和吴翠远的学生必须分享）。道具制作和空间布置的学生则需分享空间的设置与人物心理的关系等。教师则在此基础上引导学生把握本文的主旨。

这一设计一方面是为了鞭策学生进行文本细读，揣摩文中人物复杂的内心，进而把握人物形象与主旨；另一方面，也是为能在研讨部分更有效地碰撞出思维的火花，使学生在探究中真正理解人物心理与人物形象、主旨间的关系。

【学习目标】

（1）借助小说中的人物描写与环境描写，理解小说人物的复杂心理；

（2）初步掌握小说人物心理在塑造人物形象和揭示主旨上的作用。

【教材分析】

《封锁》是中国现代作家张爱玲创作的短篇小说。小说以一辆电车遭遇临时封锁为背景，主要讲述了吕宗桢为躲避讨厌的亲戚，而与陌生女人吴翠远调情的故事。小说情节虽不复杂，但在主旨和艺术手法上颇有值得玩味之处。

关于《封锁》的主旨，有"现代都市人的隔膜与孤独"说，"男性世界对女性进行内省式解剖"说，"好人与真人徘徊"说等，但无论哪种主旨都与小说中人物的心理相关。比如吕宗桢找吴翠远调情是为了顺遂内心气气妻子的念头；吴翠远没有因为婴孩脚底心抵着自己的腿而动怒，只因"这至少是真的"。两人都在封锁所带来的与世隔绝中，萌发了顺遂自己内心、寻求内心本真的念头。因而，小说人物的内心是理解本文主旨的重要切入点，理应成为教学重点之一。

【教学准备】

布置浸没式教学任务：

(1) 明确表演文本。

"电车里，一部分乘客下去了……现在的西洋画也时行题字了，倒真是'东风西渐'。"

"该死，董培芝毕竟看见了他，向头等车厢走过来了……他自己也是一个思想简单的人。他需要一个原谅他、包涵他的女人。"

(2) 要求学生在熟读文本的基础上，完成个性化任务(如角色小传及简答题)。

(3) 道具制作和空间布置组的学生提前布置教室。

【学习重点和难点】

理解小说人物的复杂内心。

【教学过程】

1. 课程导入

[情境设置]

2020 年本校正在举办文学周的活动。恰逢张爱玲一百周年诞辰，你们班决定排演《封锁》来纪念这位文坛巨匠。考虑到张爱玲的小说有着始终如一的细腻，而且《封锁》中也有着大量人物心理描写，所以在这次排练中，你们决定特别关注各位演员在这方面的表现，是否能通过一些途径还原人物当时的心境。为此，你们设计了一张表格来作记录，并为之后的专题研讨做准备。

《封锁》			
人物	我对人物心理的认识	学生对人物心理的演绎（含道具制作和空间布置）	建　议

2. 学生表演

3. 专题研讨

［问题］

请不同角色从人物心理角度分享对自己所扮演角色与其他角色的理解，道具制作和空间布置的学生则需分享分享空间的设置与人物心理的关系。

［可选答案］（学生需结合具体文本来谈）

吕宗桢：日常压抑，在封锁后的电车中展现生命力。由压抑转为诡计得逞的沾沾自喜，再由轻浮转为略带拘谨。

吴翠远：日常压抑，在封锁后的电车中展现生命力。由抗拒转为接受，但仍要表现出矜持。

老头儿：木讷，无视周遭。

中年夫妻：丈夫妻管严；妻子世俗。

从公事房回来的人：傲慢，自大。

医学生：淡然，也可略带对傲慢之人的不屑。

道具制作和空间布置：阳光和光影伴随着人的心理而变化，如吴翠远对吕宗桢抱有戒心时，不要灯光。慢慢放下对吕宗桢的戒心，形成好感时，可以将光适当地打在人物身上。

4. 布置作业

请从《封锁》《倾城之恋》《金锁记》《第一炉香》中任选三个文本,选择一个角度,分析张爱玲短篇小说中心理描写的特点,不少于800字。

第二节 疑而能问,开展创意活动服务

一、培养具有探究意识的自主学习者

综合实践探究以一系列课题展开,这些课题涵盖教学大纲中的所有知识点,具有一定的难度,能够引发学生学习的兴趣和探究欲望。课题式综合学习实践将学习、设计、研究贯穿于教学始终,打破了旧模式下的"满堂灌"和"一言堂",学生在教师指导下自主开展学习、研究、讨论、设计,将教、学、做三者有机结合在一起。

课堂教学不仅是传授知识的过程,更是创新教育的阵地。综合实践探究以问题为导向,突出落实学生的主体地位,体现主体参与意识和自主发展的教学目标,培养学生学会学习,学会思考,学会创新。在探究过程中,学生对新知识、新事物的敏感性和鉴别力得到培养,学生尝试综合运用相关知识,发现和提出问题,分析和解决问题,形成亲身参与、主动探究、重视实践的积极体验。

二、始于兴趣,基于能力

在课题式综合学习实践中,教师指导学生的选题原则如下:课题内容尽可能是学生感兴趣的问题,尽可能是学生能够研究的问题。学生对课题内容感兴趣,在探究过程中才会有动力和求知的欲望。研究内容在学生能力范围之内,符合最近发展区原则,既保证

学生在探究过程中不会出现畏惧心理，又能够使学生在面对困难时迎难而上，始终保持前进的动力。在选题过程中，教师鼓励学生大胆想象、敢于质疑、独立思考，学生的问题意识和质疑精神得到培养。

三、研究性学习贯穿整个探究过程

在实施课题式综合学习实践课程时，3~5名学生自由组合成一个课题组，由1位本校指导教师和1位专家导师进行全程指导。在研究小组成立后，教师指导团队积极创设各种情境，引导学生从平时的生活、学习环境中发现值得研究的问题。课题确定后，小组成员合理分工，共同进行资料的收集，开始撰写开题报告。接下来，学生制订研究方案，小组成员以科学的态度进行规范化实验，并在实验结束后撰写结题报告。

在课题研究过程中，教师指导学生尝试用跨学科的、综合的观念分析、研究课题，学生综合应用不同学科的知识解决问题。小组成员共同合作、相互讨论、实验调研，有效锻炼学生的实践能力。

附：《野外生存之驱寒保暖》教案

【单元教学设计】

创设野外生存驱寒保暖的真实情境，以自制发热包为教学主线展开探究活动，通过比对分析暖宝宝和自热火锅这两种自发热产品，查找解决问题的线索，培养学生运用知识分析、解决问题的能力。

本单元前后约4课时，本课时是本单元的第1节。

【教学目标】

阅读并分析自发热产品说明书，提高信息获取、整理、简单加工的能力。

根据任务分组讨论，在各种头脑风暴中发挥个人思维，彰显团队中的个体价值。

设计实验探究方案,拟定实验步骤,并在探究中不断修正、完善方案,养成计划先行的行为习惯。

【教学重难点】

教学重点:通过分析产品说明书,从信息中查找资料线索。

教学难点:设计实验探究方案。

【学与教活动设计】

教学环节	学生活动	教师活动	设计意图
导　入	讨论思考	创设任务情境,引入新课	确定活动目的,提高活动效率
资料阅读	基于任务,阅读自发热产品说明书	引导学生挖掘产品说明中有价值的信息	从产品信息入手,进行信息整合
学生探究	以小组为单位,设计实验探究方案	为学生活动提供服务支持	为下一阶段的探究做好准备
课后活动	以小组为单位,确认实验探究方案。对课程内容有兴趣的学生可预约实验室做进一步探究		

第三节　融会贯通,国际课程校本建构

一、培养具有实践能力的反思者

TOK 课程和 STEM 课程本土化、校本化的目标是培养学生运用物理、化学、生物科学、地球空间科学等科学知识和过程方法理解自然界,培养学生解决真实问题的能力和创新实践能力,学生对已有的知识和经验进行批判性的反思和质疑,意识到知识所隐

含的主观性和意识形态偏见,从而形成个人独特而合理的思维方式。知识不仅来源于生活,更要应用于生活。教师不仅要引导学生在生活情境中发现问题,还要培养学生运用跨学科的知识创造性地解决实际问题,同时在解决问题的过程中,积极反思,将头脑中的知识与生活紧密联系起来,将对知识的理解与知识的应用紧密联系起来。学生在学习过程中积极探索知识的内部结构,在掌握各知识领域特征的基础上,比较其间的共性和差异,在不同学科之间以及各种思想、感情和行动之间建立联系。

二、探本源,明应用

TOK课程针对各个知识领域和认识方法,引导学生对知识的本源进行全方位思考,清晰地阐明和交流思想观点,提出不同的想法和可能的解决方案(见图4-1)。

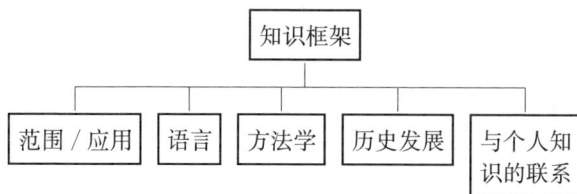

图4-1　TOK课程的知识框架

TOK课程的知识框架包括使用该知识领域的专业术语和概念对每一个知识领域的关键特征进行明确认定,阐明影响和塑造每一个知识领域的重要历史发展阶段,以及每个领域所使用的产生知识的具体方法,还有对每一个知识领域中共享知识和个人知识之间的互动进行反思。正是这种对知识本源的全方位多视角的考察,让学生形成自己对知识独特的理解。上海交通大学附属中学对TOK课程进行了本土化改革,以本国母语中文为载体,结合中国国情及文化知识体系,创造性地在课程体系中加入中华本土文化体系,从而使得学生能够结合自身的经历与知识更深入地理解这一概念,通过对中华本土文化的追根溯源与分析讨论,更全面客观地理解其价值和意义。

STEM 校本课程十分注重学生对知识的应用。教学内容不仅包括丰富的知识性素材内容,也包括活动设计、方法应用、实践操作技能等经验性活动主题。在具体表现上,教学内容形式各异,既可以通过多种多样的文字表征,也可以借助于图像或现代信息技术方式呈现。在实践过程中,教师需在科学、技术、工程或数学领域提出一个具体问题,这个具体问题不仅是学生学习活动的出发点,也为学生学习创设了"真实情境"。之后,教师引导学生运用各种可能的方法得出解决方案。学生构建具体方案,并在构建方案的过程中获得真实的科学与工程实践。最后,教师组织参与活动的学生进行活动分享、评估和交流。

本土化 TOK 和校本化 STEM 两者各有侧重、相辅相成,学生既能够深入地理解概念、原理,又能够将知识与真实情境联系起来,从而实现融会贯通,活学活用。

三、新旧知识联结为学生提供深入思考的契机

在 TOK 教学中,教师没有把学生当作传统意义上的学习者,而将学生视为与自己同等地位的思考者,教师在这个过程中扮演着学生思考的引导者、学生学习的助力者。教师引导学生建立正确的知识观,审慎求知,将课堂知识与学生在日常生活中获得的以及需要使用的知识联系起来,建构学生的个人知识系统,助力其成为终身学习者。

在 STEM 教学中,教师采用相互激发式方法,通过互动式教学和讨论式方法,激发学生对知识的全面理解和掌握,尝试多种获

取知识的途径，这也是 STEM 课程的核心教学方法。在学习上，学生采用自主探索、小组合作，主动多维度获取知识，并进行批判性思考和研究，学生从具体的问题出发，挖掘自身已有的知识，并将其关联。同时，冗余的信息有可能继续重组，形成新的知识问题，延伸至其他 STEM 活动。

在 TOK 教学和 STEM 教学中，教师是学生学习活动的组织者、学习过程的引导者和学习疑问的解答者。教师组织学生进行多样化的学习活动，在学习过程中，引导学生自主研究、合作学习，并及时出现解答学生在探索过程中遇到的问题。在教师的帮助下，学生能动地将新旧知识联系起来，并通过批判的思考和质疑强化已有的知识结构，积极参与实践活动，循序渐进地完成学习任务，促进能力发展。

附：案例"数字化加工中心"

（一）实验室建设理念

"数字化加工中心"是上海交通大学附属中学工程教育的制高点，是学生创意与梦想的孵化器，也是教育和工业生产与商业运作间联系的纽带。该实验室的建设是上海交通大学附属中学完善工程教育体系过程中必不可少的一个环节，也是促使上海交通大学附属中学科技教育水平迈上新台阶的基础。

（二）实验室基本情况

"数字化加工中心"由设计讨论区、零件加工区、组装调试区三部分组成。区域间除了功能的划分也体现了工程活动的一般流程，设计讨论区中摆放着集中交流的桌椅、设计展示的磁性白板和软木板、开放的资料和书籍陈列柜，营造了方案设计过程中团队合作、交流互动的氛围;零件加工区中机械加工设备的位置规划、操作流程的提示说明、安全警示标志的张贴、护目镜和手套等防护用品的设置为学生创造了真实的工程体验;组装调试区中零件盒标准件的分类标示、装配工具挂板的功能性划分、组装间隔时存放半成品的物料盒等体现了工程素养教育的细节。总之,除了课程教学以外,实验室的环境建设本身要被赋予一定的教育意义,让学生在活动过程中全方位、更加自然地受到工程教育的熏陶。

(三) 实验室课程设计

"数字化加工"是一种现代化的加工方式,而加工过程是工程实践的一个必要环节。因此,数字化加工实验室所开设的课程首先与上海交通大学附属中学现有的工程课程以及 STEM 课程紧密融合。具体体现如下:

作为学校高一年级劳动技术(机械技术)课程的重要组成部分,渗透进学校已开设的"三视图表达""金属加工""机械设计"和"计算机辅助设计"四个板块的劳技课教学,例如在"计算机辅助设计"课程中,该实验室利用配备的 3D 打印机将学生的设计转化为实物作品,使原有的教学环节有了极大的延伸;在"金属加工"环节,通过数控车床、铣床的加工演示为学生提供了直观的体验,对于金属加工的过程有了更加深刻的认识;在"三视图表达"环节,数字化加工过程中所强调的工程图样,也让学生意识到工程表达对于构建设计方案以及最终实现设计的重要性。

学生在社团活动中自发组织课程进行交流。科技类社团一直是上海交通大学附属中学科技教育的特色形式,尤其是以"蓝色动力"机器人社团、"AMZom"头脑奥林匹克社团为代表的优秀学生社团,在多年社团活动经验的积累下,逐渐形成了社员招募、日常活动管理、社团文化建设、学生经验传承、对外宣传、活动资金募集等模式。以机器人社团为例，2015年，随着FRC（first robotics competition）竞赛项目的开展，社团学生利用"数字化加工中心"的设备和场所自行研发了针对工业级机器人设计、制作、调试和比赛的系列课程。

（四）课程大纲举例

进阶工程——数控（3～5人）课程大纲

1. 课程目的

在不损坏和发生危险的情况下使用数控铣床、车床进行零件的精确加工。

2. 课程需求

学生上课时需佩戴安全眼镜与手套（由队伍统一管理）；数控机床、铣床各一台（本队提供）；负责人自行准备PPT讲解，同时翻译官方视频。

3. 课程设置

（1）了解铣床的功能、工作原理并掌握正确操作顺序，学习铣床使用程序。

（2）使用铣床完成加工。

（3）了解车床的功能、工作原理并掌握正确操作顺序，学习车床使用程序。

（4）使用车床完成加工。

（5）考核。

4. 详细安排

（1）负责人通过PPT向学生展示铣床用途与操作规范：铣刀钻头的区分、安装；从下至上依次固定并归位；负责人根据举例实现程序的教学使用。

（2）负责人通过实际案例进行操作教学：如何洗键槽；如何加工安装孔（30分钟）；其余时间学生在负责人监管下进行实践操作。

（3）负责人通过PPT向学生展示车床用途与操作规范：不同大小的车刀的合理用法；各项功能之间的切换步骤；负责人根据举例来实现程序的教学使用。

（4）负责人通过实际案例进行操作教学：如何扩孔；如何切割（30分钟）；其余时间学生在负责人监管下进行实践操作。

第四节 高瞻远瞩，生涯与 职业规划教育

一、培养具有自我认知能力的追梦者

生涯教育并不局限于职业领域，而是涵盖与学生未来发展相关的学业、能力、兴趣、品行等方方面面。作为终身教育体系的一个重要组成部分，高中阶段的生涯教育对于学生整个人生的规划和发展具有举足轻重的作用。生涯发展是学生终身发展的核心，应着力于提升学生的理想目标和价值追求，提升学生人生规划的自主性和自觉性，鼓励学生"自主体验、相互激发"。生涯规划教育旨在帮助学生适应生活、筹划发展、准备未来。希望通过三年的生涯规划指导培养出身心健康、人格完善，不仅全面了解自己，还对自己未来的人生有一定规划能力、具有社会责任意识的有为青年。

二、立足当下，畅想未来

生涯规划教育的教育内容主要有学生生理健康、心理健康、生涯规划等，帮助学生尽快适应高中学习和生活等各方面，促进学生

身心健康、和谐发展。在认识自我的基础上，以"生涯探索"为主旨，注重培养和锻炼学生的沟通、领导、判断等综合素养，帮助学生理性选科。通过"能力拓展活动""成功学"等与生涯相关的选修课、主题班会、社团、课外调研等社会实践活动，让学生走近社会、了解社会，充分利用和整合家长、校友、社区等社会资源，进一步提升学生专业探索能力、树立人生发展目标和理想信念。

三、教师引导与沟通为学生发展保驾护航

生涯规划教育是发展性的教育和引导，对学生实施辅导具有系统性的优势。生涯规划贯穿于整个高中阶段，针对高中阶段三个年级不同班级和学生的独特发展目标，上海交通大学附属中学采取有针对性、分阶段、多层次和多元化的教学方式开展。通过每班每周1节正式授课的方式（每节课一个主题），采用体验式、互动式的形式，让学生充分融入生涯规划教育中。

生涯规划教育作为中学教育体系一个非常重要的版块，教师要想将其功效发挥出来，就要不断地让学生加深认识，对学生进行正确的引导，帮助学生制订合理的生涯规划方案，为学生将来的发展道路提供强有力的保障。时刻关心学生的内心动态，及时与学生开展交流沟通，答疑解惑，为学生的学习和成长道路扫清障碍，实现学生生涯规划的圆满。因此，教师在学生的生涯规划教育方面扮演着学生前进方向的引导者、人生困惑的倾听者和解决问题的帮助者等角色。

附：案例"大学专业初体验"

（一）活动背景

活动对象是高一学生，学生对未来有"上一个好大学，读一个

好专业"的憧憬,但不了解大学分类和专业划分,不知道 985、211
是什么,对未来没有明确的目标和系统的规划。为进一步提高学
生生涯规划的自主性和自觉性,开展了大学专业调研活动。

(二)活动目标

帮助学生初步了解大学的专业设置、学科门类的划分,掌握了
解大学专业的路径和方法;培养和锻炼学生的信息收集能力、行动
规划能力、人际沟通能力、团队合作能力、书写和语言表达能力;激
发学生探索自我和发展自己的动机和热情,积累成功经验,提高自
我效能感。

(三)活动过程

期中考试后,布置大学专业调研的作业,要求学生两人一组对
自己感兴趣的专业进行调研,通过网络信息收集、大学实地走访和
专人访问收集专业信息。重点调研大学专业的概况、主干课程、学
科特质、学科发展前景、重点院校对加三学科的要求等,将调研结
果制作成 PPT,在全班分享调研中印象最深刻的事。

(四)学生反馈

从学生调研作业的完成情况来看,100%的学生利用了网络资
源调研专业;80%的学生找到了有专业学习经历的人进行访问;60%
的学生到大学进行了实地考察,主要到上海交通大学、复旦大学、上
海财经大学、同济大学、华东师范大学、华东理工大学、上海大学、上
海戏剧学院等。通过调研,学生认识了高校、了解了专业,这种经历
和体验将增长学生的自我效能感,激发学生主动地探究和发现自
己的职业兴趣,进而确定自己未来的目标,并坚持不懈,付诸行动。

第五节　群策群力，创建学习型活动社团

一、培养具有问题意识的团队合作者

学习型活动社团注重研究性学习在社团中的实施，要求社团在指导老师的帮助下，探究与社团相关的学科知识，发展创新意识，培养科学精神和建构自学机制。实际上是使社团成为一个有研究性理念、策略和方法的社团，提高社团成员的素质和能力，拓展社团的发展空间。在研究性学习的过程中，社团成员将学习如何收集、处理和提取信息，如何运用有关知识解决实际问题，如何表述或展示研究的结果，如何在研究过程中与人交往和合作。

学习型活动社团成立的主要目标为培养学生的问题意识和团队合作精神。这要求学生在学习过程中不拘泥于书本，不迷信权威，不墨守成规，能发现问题、敢于质疑、善于创新。社团成员通过与同伴分工合作、共同努力、提出问题、制订方案、收集信息、寻找答案，在完成研究课题的过程中，学会倾听他人意见，表达自己的观点，分享共同的成果。此外，学习型活动社团通过引导学生对与生活息息相关的问题加以研究，培养学生关注社会生活实际、关注人类发展的意识，增强责任感。

二、与学生生活接壤，活用兴趣增色

学习型活动社团的研究内容不仅与生活实际紧密相关且具有趣味性。社团学习的基本内容包括如何收集、处理和提取信息，如何运用有关知识解决实际问题，如何在研究过程中与人交流和合

作,如何表述或展示研究的结果,等等。基于研究的性质和需要,学生学习知识的来源是多方面、多渠道的,除了学习教科书中的间接知识以外,还广泛地获取未经加工处理的第一手资料——直接知识。此外,社团成员还实际动手操作,获取知识的目的是为了应用,这也是社团学习的重要内容。

三、实践合作为学习型活动社团奠基

通过在社团内开展研究性学习,学生在教师的指导下,社团成员动手操作、共同合作、科学解决问题。社团成员通过假设、想象、实证、逻辑等方式认识世界、追求真理。在学习过程中,通过模拟科学家的研究方法和研究过程,提出问题并合力解决问题。如通过专题讨论、课题研究、方案设计、模拟体验、实验操作、社会调查等各种形式,探究与社会生活密切相关的各种现象和问题。

教师作为学生学习活动的组织者,组织学生从学习生活和社会生活中选择和确定他们感兴趣的研究专题。之后,教师作为学生学习活动的指导者,指导学生在规定的时间内,提出研究课题、设计研究方案、实施研究过程。在整个过程中,教师真正是把学生放在主体地位。

附:案例"蓝色动力机器人社"

(一) 社团基本情况

蓝色动力机器人社成立于 1999 年,社团现有社员 65 名,分布于 FRC、FTC、VEX 三个项目中,其中不少社员早在初中便有机器人比赛经验,高中才接触机器人的新人社员,也能在社团的培训和锻炼中,逐渐成为社团活动的积极分子和科技创新的骨干力量。社团现有指导老师 6 名,每位老师负责不同的工作,其中不仅有技

术上的专家，也有专人为社员的比赛后勤保驾护航。

社团现有四个活动教室，分别为讨论室、电脑房、机器人实验室以及机床车间。机器人社活动教室更新于两年前，现分为两个区域，分别为 FTC 和 VEX 的活动教室，每个房间都有专业的器材与模拟的比赛场地，并根据每赛季的新规则更新，科技味十足，使队员能全身心投入机器人活动中。而机床车间现为 FRC 项目的工作室，其中有机床、激光切割机等专业加工器材供队员们使用，能更方便地制作出各种精密的零件。社团的统一活动时间是每周四下午的两节社团课，在比赛期间，社员可以自行安排活动时间，例如平时晚自修及双休日、寒暑假的空余时间。

（二）社团宗旨

蓝色动力机器人社的基本宗旨是为上海交通大学附属中学广大学子提供展现自我、动手动脑的平台。作为一个有着优良传统的科技类社团，任何对于机器人有兴趣的学生都可以在这里得到培养和熏陶，发挥自己的特长，释放自己的热情和潜能。

（三）主要活动

社团主要以 FRC、FTC、VEX 三个比赛项目为基础开展活动。社员分为搭建组、编程组和操控组。根据每年比赛不同的规则进行设计，搭建机器并依照既定规则进行编程。各组成员在完成日常训练任务之后，定期聚到一起讨论新机器的设计以及战术方案，进行头脑风暴，百家争鸣并博采众家之长。大赛前夕，会集合所有参赛队员集训，为大赛做好万全准备。

作为上海交通大学附属中学的明星社团和杨浦区优秀社团，社团一直得到学校和社会方面的一致好评和大力支持，每年都有数十万的资金投入。社团也不负众望,在各个国际比赛中成绩突出。作为新建设的全球顶级机器人赛事 FRC 队伍,代表上海,取得了开门红,获得美国万湖分区"Rookie All Star"的奖项,在中国唯有的十六支队伍中脱颖而出,作为中国三支获得晋级资格队伍中的一支,前往美国圣路易斯参加全球总决赛,在国际顶级赛事赛场上一展中国队伍的风采。VEX 项目作为社团传统项目曾荣获得 VEX 世锦赛最佳联络队伍,分区小组赛第二等好成绩,近年来(2014—2015)也在亚锦赛、全国赛中大显身手,分别获得最佳搭建奖和八强的好成绩。FTC 荣获过全国冠军,2021 年也在华东赛上荣获二等奖。

(四) 社团特色

社团是全国唯一同时开展 FRC、FTC、VEX 这三个高中生高级别机器人项目的社团,在全国的青少年机器人界享有很高的声誉,其中 FRC 队伍是上海第一也是唯一一支队伍,同时也是中国第十五支队伍。

随着 FRC 比赛的引入,社团也更具时代特色。因为 FRC 比赛所需的大量资金,社团特地成立了商业小组,广泛联络赞助商。与 Roboterra、Autodesk、深圳搭搭乐乐、舟曳广告、上海汇聚自动化等多家公司迅速达成合作意向,他们给予社团资金、物资、技术等各方面的支持。现社团正与 Autodesk 公司进行合作,将设计专业软件 Autodesk inventor pro 引入上海交通大学附属中学。所以,如今的社团贯彻着一种"more than robot"的观念,让社员获得更多机会接触社会,不断完善对社员能力的培养,与未来的科学前沿和商业实际无缝连接。

社团在比赛屡屡获奖的同时也不忘培养社员的能力,社内多名学生参加杨浦区"双进入"课题，上届社长袁怡雯同学更是获得了前往美国参加 ISEF 大奖赛的机会。

同时，社团也十分注重校内外活动。无论是自主招生的体验活动，还是上海交通大学附属中学的嘉年华，都有机器人社的身影。同时社团也多次与校内的科技类社团进行联谊活动，与其他学校的机器人社团举行友谊赛。社团成员也积极参加社会活动，前段时间 FRC 组的成员就赴五角场进行宣传以及参加地区科技推广的公益活动。现社团正与青浦区一所小学商谈合作事宜，希望能到此学习并进行公益科普活动，服务社会。

小结

L-IBDP 课程的实施不仅改变了传统的教学方式，还提供了改变课堂教学模式的新思路。通过创设情境式教学、先行学习者教学、自主探究式教学、合作学习式教学和参与式教学等多种教学方式，使课堂教学生活化、趣味化，增强了学生学习的能动性，使学生思考更加深入。

这些课程和活动有着丰富的学习内容和多样化的教学方式，既关注学生的全面发展又注重学生的个性发展。希望把学生培养为具有探究意识的自主学习者、具有实践能力的反思者、具有自我认知能力的追梦者、具有问题意识的团队合作者和具有社会责任感的行动者，使学生能够直面生活中的问题和挑战，具备解决问题的意志和能力，对自己的人生负责、为社会的发展添力。

第五章

课程整合：L‑IBDP 课程的学科体系

L‑IBDP 课程以国家课程方案为指导，综合学科课程标准，融入综合实践活动元素，凸显科学与技术之融合，建构具有校本特色的六大领域课程体系。L‑IBDP 课程的目标不仅在于培养学生的逻辑思维、探究能力、表达能力、强健体魄，更要全面培育健全的人格品行和正确的价值观念。

第一节　语言与文学：文化交流彰显人文底蕴

一、课程目标

上海交通大学附属中学 L‑IBDP 课程中的语言与文学课程强调培养学生的语言能力、文化意识、思维品质和学习能力等核心素养，融合了工具性和人文性的特点。学校各年段教师秉持夯实学生语言基础知识，提升语言基本技能，发展跨文化交流能力，培养新时代复合型人才的宗旨，不断在教学中推陈出新。

（一）课程总体目标

普通高中语言课程的总目标是全面贯彻落实党的教育方针，培育和践行社会主义核心价值观，在义务教育的基础上，进一步促进学生学科核心素养的发展，培养具有中国情怀、国际视野和跨文化沟通的社会主义建设者和接班人。上海交通大学附属中学 L－IBDP 课程以此为基础，凭借学校独特的风格和多样化的资源，设计以四项学科核心素养为内核的课程体系。

1. 语言能力

以上海市传统汉语和英语教材多年的教学积淀为基础，探究新教材的教学理念和教法，拓展高阶素材，有机整合多维资源，力求让学生在多元化的语言素材中形成语言意识和语感。通过学习，学生能够理解口语和书面语所表达的意义，甚至识别说话者和原作者所采用的表达手段。

2. 文化意识

语言学习的本质是对文化载体的了解，以此认知新的文化内涵。通过比较文化异同，吸收他者的文化精粹，进而发展本国文化，推广自己的文明。在这一过程中，坚定的文化信心和敏锐的跨文化交流意识十分重要。学生浸润在这样的一种文化氛围中，其文化意识也将在不知不觉中得到提升。

3. 思维品质

语言学习对学生的思维品质有更高的要求。学生在接触语言现象的同时，通过自主地梳理、概括和构建概念，能够推断出其中的逻辑关系，思辨性地看到某些语言表达和文化实例，用多元思维意识来理解不同的语言和文明。

4. 学习能力

迁移能力和信息整合能力是语言学习中的两个关键能力。学生能够把被动的语言输入转变为主动的语言输出,把某种语言规律(语法)运用到对其他语言现象的分析以及自己的翻译和写作中。此外,学生应该保持对语言学习的兴趣,多渠道获取学习资源,整合信息并为自己的学习目标服务。

(二) 课程阶段目标

课程阶段目标以课程总体目标为引领,分为初阶、中阶和高阶目标,涵盖学生的语言能力、文化意识、思维品质和学习能力等阶段性目标。

1. 初阶目标

(1) 训练学生基础英语听、说、读、写等能力,能抓住较长发言的内容要点,并对相关问题进行回复,完成基本的语言交流。

(2) 阅读经典文学篇目,把握各类文学体裁的特点,能够用母语对作品进行简单的分析、概括。

(3) 能够与同学合作完成小组作业,以演讲的方式进行汇报。

2. 中阶目标

(1) 能听懂英语有关熟悉话题的演讲、讨论、辩论和报告,能经过准备,就一些专题作 5～10 分钟演讲,并回答有关问题。

(2) 阅读英文原典,掌握英译中的技巧,理解英、汉两种语言在文化层面上的异同。

(3) 能够将小组作业以英汉双语报告的形式呈现,准确地阐述自己的观点并评述他人的观点。

3. 高阶目标

(1) 能听懂国内外一般的英语新闻广播,在用英语与各国人士交谈时,能克服口音不同带来的困难,听懂大意。

(2) 理解不同语言背后的文化逻辑,在交流中尊重文化差异,表现出较强的跨文化交流意识和能力。

（3）能够鉴赏来自不同国家的文学艺术作品，理解文学手法背后的文化意蕴。

二、课程框架

课程框架的架构，需要在制订学校整体课程规划时，基于特定的逻辑对学校课程进行合理分类，设计纵向和横向的结构框架，做到不交叉、不重复。

(一) 课程结构

L-IBDP 语言与文学课程针对不同水平和不同目标的学生设计了一整套进阶性课程，主要分为三个层级。其中"必修"为所有学生必须完成的课程，"选修"则是可以根据自身情况选择完成的课程，但要修满相应的选修学分（见图 5-1）。

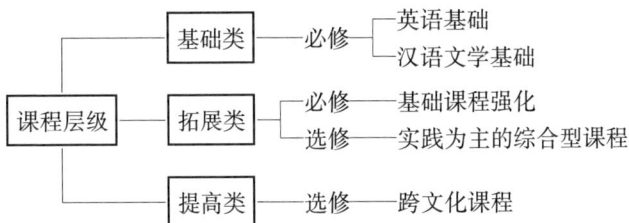

图 5-1 L-IBDP 语言与文学课程图

(二) 课程类型

语言与文学课程有丰富的课程类型，如英语、汉语文学、社团课、研学、英美文化赏析、中西文学比较等。这些课程为学生提供了多样化的选择（见表 5-1）。

表 5 - 1　语言与文学课程表

学期	基 础 类	拓 展 类	提高类	其他
高一上	基础英语 A	基础汉语文学 A	选修课	社团课
高一下	基础英语 B	基础汉语文学 B	选修课	
高二上	英语拓展 A	汉语文学拓展	选修课	研学
高二下	英语拓展 B	翻译理论与实践	选修课	
高三上	英美文化赏析	中西文学比较		
高三下	语言与文化 （课题研究）	课外实践 （小组项目）		

（二）课程内容

语言与文学课程的课程内容包括基础知识与能力的训练，以及理论和方法层面的指导。如在基础英语方面训练听、说、读、写能力，全方位夯实学生的英语基础。在基础汉语文学方面，以普通高中教材篇目为主，培养学生对不同文学体裁特征的基本感知。在理论和方法层面，通过理论指导和写作实践提升学生英语书面表达能力，为今后高层次英语写作打下基础等（见表 5 - 2）。

三、课程实施

教学过程中学生的语言学习将落实到具体的语篇、音频和视频片段中，这些素材是基于上海市新教材，整合同等水平相关教材后形成的一套主题引领、技能串联的校本化素材库。教师在教学过程中，可以根据所执教班级的学情，定位自己的课型，在素材库中选取适合的材料进行教学。学生主动参与语言实践活动，运用

表5-2　语言与文学课程内容

	必修课程	课　程　内　容	选修课程	课　程　内　容
基础类	基础英语A	训练英语听、说、读、写能力，全方位务实学生的英语基础	英语论说文写作	通过理论指导和写作实践提升学生英语书面表达能力，为今后高层次英语写作打下基础
	基础英语B	进一步训练英语听、说、读、写，培养对语言规律的基本感知	实用交际英语口语	进一步培养学生听说英语的能力，利用英语就一般题材进行会话，能够基本连贯地发言，表达思想
	基础汉语文学A	以普通高中教材篇目为主，培养学生对不同文学体裁特征的基本感知	中国现当代作品选读	选取中国现当代名家名篇，培养学生阅读理解白话作品的能力
	基础汉语文学B	以普通高中教材篇目为主，进一步锻炼学生对文本的理解	中国古代作品选读	选取中国古代名家作品，培养学生对古汉语的理解能力，并学会"知人论世"的鉴赏方法
	社团课	充分利用上海交通大学附属中学丰富的社团资源，提升学生的综合素质，培养学生的合作能力		

（续表）

	必修课程	课程内容	选修课程	课程内容
拓展类	英语拓展A	利用拓展素材教学，加深学生对第二语言规律的理解	英语笔译	实践翻译理论，通过大量笔译练习，锻炼学生的英语书面表达能力，提升对两种语言文化的熟悉程度
	英语拓展B	利用拓展素材教学，培养学生在真实的语境下运用第二语言	英语口译	进一步实践翻译理论，通过大量口译练习，让学生掌握英语中的俗语，熟悉各类口音，锻炼学生的即时口头表达能力
	汉语文学拓展	选取古今汉语文学中不同体裁不同风格的作品，培养学生理解文本深层次逻辑的能力	英美文学原典选读	选取英美经典文学名篇，通过对原典的阅读，体会英语语言之美
	翻译理论与实践	通过理论指导和翻译作业实践，通过"翻译"来理解不同语言语言背后的文化意蕴	翻译文学赏析	选取经典中译英及英译中作品，体会翻译中隐含的文化元素，培养学生跨文化意识
	中西文学比较	选取中西文学名篇，探究西方作品中的东方形象，与东方作品中的西方形象，培养学生的跨文化意识	研学	学生可参加红色之旅、名校之旅、乡土之旅，或走出国门游学，体会语言在日常文流中的运用

（续表）

	必修课程	课 程 内 容	选修课程	课 程 内 容
拓展类	语言与文化（课题研究）	学生自由选择语言与文化相关课题进行研究，最终以课堂报告的形式呈现结果		
	课外实践（小组项目）	学生以小组为单位，进行课外调研与实践，并以小组展示的形式呈现结果		
提高类			小语种课程	开设基础日语、基础韩语、基础德语、基础法语、基础西班牙语等小语种课程，为学生提供了解其他语言及文化的途径
			创意写作	调用学生所学的英汉双语知识及文化积累，进行创意写作，培养学生的创新思维，提升对语言的应用能力
			影视文化赏析	选取各国经典影视作品，赏析其中的文化，加深对相关语言的理解，让学生意识到语言交流无处不在

各种学习策略,学习素材中所呈现的语言和文化知识,进而分析和思考其中的文化内涵,发展自己的核心素养。教师将课程实施过程细分为八个主要环节,在教学过程中做好记录和素材积累,保证学科可持续发展。

(一) 课堂教学

教师除了在课堂中为学生铺垫文化背景,更要积极创设语言运用环境,激发学生使用和对比语言的内驱力。在课前准备环节,教师鼓励学生自主探究,对课堂将要学习的内容做相关的背景信息检索。课后,学生主动反思课堂所学,做到在问中学,在学中问,不断地发现和解决问题,并不断超越自我。

(二) 场馆学习

上海有着丰富的场馆资源,场馆作为文化的载体,肩负着向社会公众尤其是青少年普及科学文化知识的责任。许多的语言现象与文化有着千丝万缕的联系。除了学校常规安排的针对上海历史文化景点和场馆的访问外,语言教师更要积极鼓励学生利用课余时间,自主探访文化场馆,将视野由课堂拓展向社会。

(三) 社团活动

上海交通大学附属中学的学生社团活动丰富多彩,其中文学社、英语角、模拟联合国等社团都是以语言交流为中心的学生团体。在老师的指导下,颇有才华和灵感的学生们在这些社团中自主活动,极大地激发了学生学习语言的兴趣以及运用语言为学校、社会、国家乃至世界服务的志向。

(四) 课题探究

上海交通大学附属中学鼓励学生"人人参与到课题研究中来"。学校关于语言学习和文化交流的课题不在少数,如"探究上海方言的兴衰""洋泾浜英语演化史""新疆内高班学生英语学习优势研究"等都是极具地方色彩和校本特色的学生课题。学校不仅安排本校专业教师进行指导,更积极联系高校教授莅临本校开展相关的主题讲座。

(五) 赛事学习

上海交通大学附属中学定期举办人文类比赛,比如诗歌朗诵比赛、课本戏剧节、英语配音比赛、外语歌曲大赛、英语演讲比赛、英语书法大赛等。这些基于课程又高于课程的活动,在很大程度上激发了师生对本学科学习的热情。在一届又一届的比赛中,涌现出许多才艺俱佳的学子,并代表学校斩获诸多市级和国家级奖项。

(六) 服务实践

志愿服务是学生社会实践的必修项目,学生利用所学的语言技能为上海的各类博物馆、海关、旅游局、政府部门、外事办公室等单位进行义务翻译和接待工作。学生在参与社会活动的同时,学以致用,真正体验到知识服务社会的成就感。

(七) 研学旅行

除了国内红色之旅、名校之旅、乡土之旅等外,学生也积极走出国门,游访各国,参加各类国际赛事。在行万里路的过程中,学生能更深切体会到语言作为交流的工具和文化载体的重要作用,从而更加热爱语言学习。

(八) 影音学习

语言学习离不开丰富的影视资源和媒体平台。学校鼓励学生收看语言文化类电视节目,倡导教师为学生整理提供各类经典影音资源。一些上海交通大学附属中学学子原创的影视和音乐作品在网络平台广为流传,并获得社会大众的褒奖。这些来自社会的肯定进一步激发了学生用语言进行创作的热情。

第二节　科学与技术:科学视角助力探索发现

一、课程目标

科学与技术学科领域包括物理、化学、生命科学、地理、劳动技术、信息技术等科目。将理论知识与实践知识并重,关注学生对学习方法的掌握、科学思维的形成。希望学生能够理解世界、掌握物质运动规律,强调珍惜生命、以人为本的价值观。

(一) 课程总体目标

科学与技术版块的总目标是让学生能够从科学的视角形成对物质世界的理性认识,通过探究活动培养学生多学科、多要素的综合思维能力以及实践能力与创新能力,使学生具备严谨求实的科学态度以及将科技服务于人类的使命感。为全面提升学生的科学技术素养,我们提出如下课程目标。

1. 科学认知

"科学认知"是从科学的视角形成对自然现象和科学原理的认知。学生能够了解地理环境以及人类活动与地理环境的关系,能够了解生命现象和生命活动规律，理解物质、运动、能量等，能够从宏观和微观的层面认识物质，了解一定的计算机和信息技术基础。

2. 综合思维

"综合思维"是学生在综合运用各学科知识的基础上，认识、分析问题的思维方式和能力。世界是一个综合体，不同的科学与技术可以相互结合、互为补充，以解决生活中的实际问题。"综合思维"有助于学生从整体的角度，多方向、系统性地分析和认识科学现象并解决技术问题。

3. 科技探究

"科技探究"是学生获取科学知识、培养综合思维的主要途径。要求学生具有发现现实世界中的科学技术问题，针对特定的科学现象，观察、提问、实验设计、方案实施以及对结果进行交流和讨论的能力。在探究过程中，学生逐步增强对自然现象的好奇心和求知欲，掌握研究的基本思路和方法，提高实践能力。

4. 社会责任

"社会责任"是学生利用所学知识，正确看待科学技术带来的伦理问题，具备探索未知、崇尚真理的意识，具有人地协调、可持续发展的意识，对科学技术创新所产生的新观念和新事物，具有积极学习的态度、理性判断和负责行动的能力。

(二) 课程阶段目标

1. 初阶目标

本年段的主要目标是激发学生学习兴趣、掌握基本知识。学生通过对基础知识的学习，了解自然科学的基本内容，包括自然环境(天空与陆地)、生命活动和遗传进化(生命的奥秘)、物理原理(物质和运动)以及从宏观到微观的世界观(原子和宇宙)。同时，学生通过综合课程、探究实验以及社会实践,加深对世界整体的认识。

2. 中阶目标

本年段的主要目标是提升学生的实践操作能力,包括实验能力与信息技术能力。掌握一定的科学实验能力,如科学模型的建设、实验器材的使用和操作、实验方法的设计等。同时要求学生掌握一定的编程能力和信息处理能力。

3. 高阶目标

本年段的主要目标为培养学生的科学伦理意识,锻炼学生的综合学习与实践能力。学生深入思考人与自然的关系,反思人类在科技发展过程中走过的弯路。运用之前所学的知识和技能进行课题式综合学习实践,以知识和能力为基础,以兴趣为导向,相互合作,提升科技探究能力和创新精神,培养社会责任意识。

二、课程框架

科学与技术课程的课程框架同样包括课程结构、课程类型和课程内容三个部分。课程结构涉及科学课程和技术课程两个模块,课程类型包含基础课程和拓展课程,课程内容涵盖学生发展的各个方面(见图 5-2)。

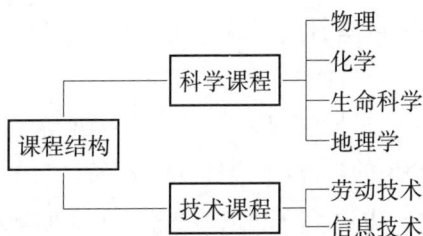

图 5-2　科学课程与技术课程结构图

（一）课程结构

高中阶段的科学与技术课程包括物理学、化学、生命科学、地理学、劳动技术和信息技术。从表观上看，前四者为科学课程，后两者为技术课程，但是近年来 STS（science technology society 科学、技术、社会）理念和 STEM 教育方兴未艾，科学教育和技术教育正在日常教学中得以深度渗透与融合。科学课程中的每一项技术几乎都存在这样的特点：一端连着科学，另一端连着生活，成为科学、生活、社会相互联系的纽带与桥梁。新教材新课程的基本理念之一是"走向生活"，重视技术教育，对更好地实现新课程的这一理念具有促进意义。由于技术教育涉及工艺过程、作业程序和产品的制作，因而技术发明也是一个创造性的活动，渗透着创造性思维，进而将思维的成果加以物化。技术教育的具体过程也体现了科学过程中所包括的各种能力，包括观察、预测、测量、分类、推理、估计等基本能力，以及明确问题、假设、控制变量、实验、定义、解释和研究等综合能力。

（二）课程类型

科学与技术课程的设计注重培养学生的科学认知、形成综合思维、注重科技探究、培养社会责任感。在培养科学认知方面，学校设置了天空与陆地、生命的奥秘、物质和运动、原子和宇宙等课程。在综合思维方面，学校开设了自然环境综合课、科学模型建设课。在科技探究方面，学生可以选择探索雾霾的成因、危害和治理措施或探索火山喷发的原因、过程和影响等主题。在社会责任感方面，学校鼓励学生参观自然科学博物馆，并担任讲解员等（见表 5－3）。

表 5‒3   科学与技术课程类型

学期		基础课程	拓 展 课 程		
		科学认知	综合思维	科技探究	社会责任
高一	上	天空与陆地 生命的奥秘	自然环境 综合	探索雾霾的成因、危害 和治理措施; 探索火山喷发的原因、 过程和影响	参观自然科学 博物馆,并担 任讲解员
	下	物质和运动 原子和宇宙			
高二	上	发明和制作 机器和 人造品	科学模型 建设	练习使用实验器材; 通过实验操作验证规律; 设计实验方案、开发实 验装置; 体验数据编码和数据 分析	走进制造企业 生产车间,体 验现代工业生 产流程
	下	数字时代 信息社会			
高三	上	科学技术与 道德伦理		体验医学研究 测试网络安全	参加科技伦理 宣传周活动
	下	合作式综合课题研究			

(三) 课程内容

科学与技术课的课程内容丰富多彩(见表 5‒4)。

表 5‒4   科学与技术课程内容

学期	基 础 课 程	拓 展 课 程
高一	(1) 天空与陆地:主要包括地理 发现、板块运动、岩石与矿 物、天文观测、行星地球 (2) 生命的奥秘:主要包括人体 组成、细胞结构、遗传进化、 疾病防治 (3) 物质和运动:主要包括物 质、力、运动、能量、电、磁 (4) 原子和宇宙:主要包括物质 结构与性质、宇宙运行规律	(1) 自然环境综合:主要包括 生态治理、环境问题的 讨论 (2) 探究课程一:探究雾霾的 成因、危害和治理措施 (3) 探究课程二:探索火山喷 发的原因、过程和影响 (4) 社会实践:参观自然科学 博物馆,并担任讲解员

（续表）

学期	基 础 课 程	拓 展 课 程
高二	(1) 发明和制作：学习和了解工业革命之前的主要重大发明及其原理 (2) 机器和人造品：学习和了解工业革命之后的主要重大发明及其原理 (3) 数字时代：主要包括计算机原理和编程基础 (4) 信息社会：主要包括现代信息收集和处理分析技术	(1) 科学模型建设：主要包括实体建模、理论建模、数字建模 (2) 实践操作课程：主要包括练习使用实验器材、通过实验操作验证规律、设计实验方案、开发实验装置 (3) 计算机技术实践课程：体验数据编码和数据分析 (4) 社会实践：走进制造企业生产车间，体验现代工业生产流程
高三	科学技术与道德伦理：科学技术发展史、科学观、科学伦理、科学展望	(1) 科学技术与生命伦理探究课程：体验医学研究 (2) 科学技术与信息安全伦理探究课程：测试网络安全 (3) 社会实践：进行科技伦理宣传周活动

三、课程实施

为保障课程高效实施，上海交通大学附属中学为学生的学习提供了完备的物质支持。学校配有先进教学设备的专用教室外，如地理专用教室、化学专用教室等。在创生实验楼里除了有满足日常教学所需的学科实验室外，还有机器人实验室、OM实验室、嵌入式实验室、新能源实验室、物理创新实验室、数字地理实验室、组织培养实验室以及分子实验室。这些专用教室与实验室的配置，为师生搭建了良好的科研平台。

（一）课堂教学

通过情境式引导，让学生像科学家那样学习和研究。引导学生综合运用科学知识，发展科学思维，建设学习团队。利用热点新闻、趣味实验、科学发现史等激发学生学习兴趣，如新冠肺炎的检测与防治、制作柠檬电池、模拟火山喷发、搜集 DNA 分子结构模型建立过程的资料等。

（二）社团活动

社团活动是课堂教学的延伸。社团活动能够拓宽学生视野，完善学生知识结构，展示学生个性和发展特长。科学技术类社团活动重在科学实验、科技创作，目的在于增强学生的探究和创新意识。学校设立了 AMZ - OM 社、蓝色动力机器人社、维立方 3D 设计社、物理学术竞赛社、无菌培养社、生物达人社、天文社等。学生可以根据自己的兴趣爱好与特长，自愿报名，如果报名人数过多，社团教师或学生社长会从中选拔，实现双向选择。

（三）赛事学习

比赛是促进学习的有力力量。上海交通大学附属中学每年都参加国家和国际举行的各种科技类赛事，如学科竞赛、头脑奥林匹克比赛、机器人大赛等。学校在新生入学的暑期夏令营中，就为学生提供了各种赛事的体验课程，便于学生找到自己的兴趣所在，在将来的学习中有更高的追求。学校还组织校内的赛事选拔，扩大赛事的参与面，激励学生发展。

（四）主题探究

主题探究指设定一个开放式的主题，让学生以小组合作的形式共同围绕主题开展讨论，学习隐含于主题背后的知识，提升解决问题的能力。如以"一焦耳能量"为主题，学生需要通过小组合作等方式展现出"一焦耳能量"的作用。

主题探究的模式有很多，可分成以下五个阶段：

（1）提出问题阶段。在此阶段，学生需要将主题细化，可以通过提出一系列问题的形式。例如：什么是能量？一焦耳的定义是什么？我将从哪个方面表现一焦耳能量？在接连地自我发掘问题后，学生就可以开始学习新的概念与知识了。

（2）搜集信息阶段。在此阶段，学习小组根据问题或假设，分工合作，开始大量搜集相关信息。

（3）分析信息阶段。小组经过讨论，确认信息来源的可靠性、相关性及应该如何运用和整合这些资源，汇总得出解决策略。

（4）交流展示阶段。此时，学习小组讨论呈现的方法，可以利用多元的方式来呈现研究的结果。

（5）反思阶段。在此阶段，学生通过结合其他小组的汇报，进行自我反思及相互评鉴，总结成功的经验和不足之处。总之，主题探究以主题为学习的起点，重视问题的发现和解决过程，结果是开放的。

（五）活动学习

学校在每学期期末会根据一定主题，安排校园科技活动周，以丰富多彩的节庆活动吸引学生，为学生的校园生活留下美好回忆。科技活动周的主题新鲜、有活力、贴近生活。比如"文融科学，理中探情""遇见科学大咖""魅力科学，多彩生活"等主题。这些活动由学生自主设计、策划、实施与评价。从选定主题到活动环节、到活动呈现等都让学生参与进来，学生的学习主动性可以得到比较好的发挥。

(六) 服务学习

服务学习是通过学校与社区的合作,把学校课程和社区服务联系起来,学生将在课程上所学的知识和技能,运用到服务实践中去,同时培养学生的社会责任感。如学生在自然科学博物馆担任讲解员,需要就自己所在的服务区域开展小课题研究,并通过讲解的方式,将研究成果展现给公众。

(七) 实践活动

社会实践是一座桥梁,能够帮助学生完成由校园向社会、由书桌向舞台的转换,真正地将教育与社会结合起来。社会实践不但有助于学生能力的提升,更有助于增强学生的社会责任感。与服务学习不同的是,实践活动更加注重生产实践。如学校安排学生走进制造企业的生产车间,体验现代工业生产流程,学习如何将课本上的知识应用于生产实践。

第三节　数学与逻辑: 理性思维 贯穿问题解决

一、课程目标

学校拥有专门的数学实验教室,能够提供跨学科研究的平台及现代信息化设备保障,学校还为该学科配备了雄厚的师资力量。在师资与平台的双重保障下,数学与逻辑课程关注对学生逻辑思维的培养,促进学生创新能力的发展。

（一）课程总体目标

数学与逻辑课程的总体目标包含数学视角、创新精神两大方面。

1. 数学视角

通过对高中数学课程的学习，学生获得未来学习和发展所必需的数学基础知识、基本技能、基本思想、基本活动经验，提高从数学角度发现和提出问题、分析和解决问题的能力。

2. 创新精神

在应用数学知识的过程中，学生能发展抽象思维、逻辑推理、数学建模、直观想象、数学运算、数据分析等能力。树立敢于质疑、善于思考、严谨求实的科学精神，不断提高实践能力，提升创新意识。体会数学的科学价值、应用价值、文化价值和审美价值。

（二）课程阶段目标

数学与逻辑课程的阶段目标可分为初阶目标、中阶目标和高阶目标。通过多样化的课程设置，分阶段促进学生的能力发展。

1. 初阶目标

本年段的目标是帮助学生掌握知识、激发兴趣。在完成新课程新教材的学习内容外，增加数学文化节、课题选题等兴趣类课程，使学生自主探索，有针对性地进行数学探究。

2. 中阶目标

本年段的目标主要是掌握知识、深化发展。在深入学习初阶内容之外，补充 CAP 等课程为学有余力的学生进一步提供学习机会。学生完成针对数学课题的研究，加强了严谨思考及论文写作的能力。

3. 高阶目标

本年段的目标是锻炼学生综合应用及思辨的能力。通过将高中三年所学知识融会贯通,深化对学生数学核心素养的培养,同时学生经历了完整的论文写作过程,能够为今后的应用打下基础。

二、课程框架

在整体按照国家课程方案及沪教版教材进行课程教学的基础上,学校还根据自身条件及学生的个性化需求,增加了 CAP 课程(中国大学先修课程)、数学建模、数学课题、数学文化节等校本个性化课程。

(一) 课程结构

国家课程主要包括函数、几何与代数、概率与统计、数学建模活动与数学探究活动等,在此基础上,学校开设校本课程对数学建模活动和数学探究活动进行进一步补充,培养学生的数学抽象、逻辑推理、数学建模、直观想象、数学运算、数据分析等数学学科核心素养。另外 CAP 课程可以让学有余力的学生提前接触大学课程,为大学学习打下基础。数学文化节等活动型课程的加入可以使学生在课本之外体验数学文化,从另一个角度感受数学的魅力与乐趣(见图 5-3)。

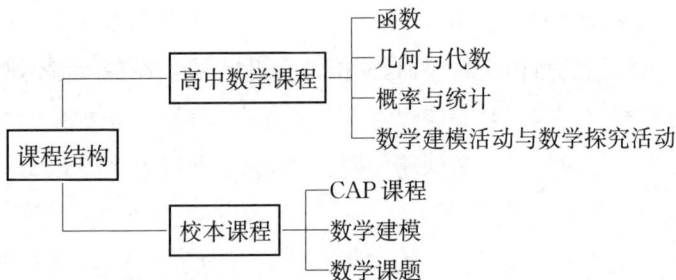

图 5-3　数学与逻辑课程结构

（二）课程类型

数学与逻辑的课程设计包括数学核心课程、选修课程、数学文化和数学探究。数学核心课程的学习内容是沪教版数学课本。选修课程包括线性代数、微积分、概率论与数理统计。此外还有数学文化节和数学探究活动（见表5-5）。

表5-5　科学与技术课程类型

年级	数学核心课程	选修课程	数学文化	数学探究
高一	沪教版数学课本	线性代数	数学文化节	数学课题选题
高二	沪教版数学课本	微积分 概率论与数理统计	数学文化节	数学课题实施 数学论文写作指导
高三	沪教版数学课本			数学论文答辩

（三）课程内容

除国家及上海市规定的必修及选择性必修课程外，上海交通大学附属中学还提供以下课程内容供学生选择。

1. CAP课程

中国大学先修课程，即在高中开设的具有大学水平的课程。该课程旨在让学有余力的高中生及早接触大学课程内容，接受大学思维方式、学习方法的训练，让学生真正享受到最符合其能力和兴趣水平的教育，为其大学学习乃至未来的职业生涯做好准备。此外，大学先修课程的开设可以帮助高校进行人才选拔，以更多维度评价学生。对高中生来说，学习大学先修课程，可以让他们提前确定自己的兴趣所在，考虑自身的发展方向。

上海交通大学附属中学作为中国大学先修课程（CAP）理事会

会员中学,为学生开设线性代数、微积分、概率论与数理统计等课程,帮助学生为今后理科课程的学习打下必要的基础,同时学生通过 CAP 考试获得的学分可用于今后大学的学习。

2. 数学课题

数学课题及数学论文课程贯穿高中三年,结合新课程新教材数学建模的学习要求和学生自身的兴趣,为学生提供深入案例、计算机软件及学术论文写作指导等细分课程的指导。通过此课程的学习,培养学生整体课题研究、学术论文写作、严谨思考等方面的能力,综合培养数学抽象、逻辑推理、数学建模、直观想象、数学运算、数据分析等数学学科核心素养。

3. 数学文化节

数学文化节集中在高一和高二两学年中,学校每学年安排至少一整天的活动时间,活动内容包括数学史介绍、数学小品剧、数学趣味游戏等。通过此类活动型课程,让学生直观体会到数学之美和数学学习的乐趣。

三、课程实施

数学与逻辑课程的实施主要有四种途径,包括注重多样化教学方式的课堂教学、丰富多彩的社团活动、以数学建模活动和数学探究活动为抓手的课题探究和班级、学校层面的学生成果展示交流。

(一)课堂教学

数学学科课程标准中提到,基于数学学科核心素养的教学活动应把握数学学科的本质,创设教学情境、提出数学问题,引发学生思考与交流。课堂教学要根据每一堂课不同学生的具体情况,根据数学知识之间、数学与生活、数学与其他学科的联系，开发出符合学生认知规律、有助于提升学生数学学科核心素养的优秀案例。同时把教学活动的重心放在促进学生学会学习上，积极探索多样化教学方式，除讲授与练习外，还注重引导学生独立思考、动手实践、自主探索、合作交流等。另外在课堂教学中加强信息技术的运用，并将课堂教学成果通过公开课、教案集等形式进行展示。

(二) 社团活动

上海交通大学附属中学为学生提供丰富多彩的社团活动，其中数学类的社团包括数学社、数学建模社、桥牌社等。这些社团为热爱数学建模、数学探究、数学竞赛、桥牌的学生提供进一步交流和学习的机会。其他学科社团如物理、计算机社团在开展活动时也需要运用数学知识，这就需要数学类社团与其他社团合作，为他们提供基础知识及课程指导。

(三) 课题探究

数学建模活动与数学探究活动是综合提升学生数学学科核心素养的载体，新课程标准突出了数学建模的重要性。同时结合IBDP课程中 EE 与 TOK 的要求，加强学生思维的整体性和严谨性，同时培养学生学术论文写作及自主探究的能力。

教师需要根据新教材的要求整体设计、分步实施教学活动，引导学生从类比、模仿到自主创新，从局部实施到整体构想，学生经历"选题、开题、做题、结题"的活动过程，能够积累发现并提出问题、分析和解决问题的经验，养成独立思考与合作交流的习惯，同时引导学生遵守学术规范、坚守诚信底线。

(四) 展示交流

结合以上课程实施的内容,学校会提供给学生各种展示交流的机会。在课堂教学中,教师会引导学生自主设计课堂内容及进程,培养学生的创新思维及领导力。学生所完成的建模及探究课题,需经历答辩审核的环节,这一过程可以帮助学生进行自我反思,最后集中展示通过审核的优秀课题。另外学校每学年会举办以高一、高二学生为主的数学文化节,包括数学史介绍、数学小品剧、数学趣味游戏等,这些以班级为单位,由学生组织并进行全校展示的活动,可以促进学生间的合作交流,实现自主探索、互相激发。

第四节 艺术与欣赏:创意表达 增强文化自信

一、课程目标

艺术课程是上海交通大学附属中学高中课程体系的重要组成部分之一。现阶段学校艺术课程主要由艺术课(基础课程)、艺术社团(拓展课程)和校内外艺术活动(实践课程)三部分组成。依据《普通高中艺术课程标准(2017 年版 2020 年修订)》理念,高中艺术课程是培养学生具有较高艺术素养的必修课程。上海交通大学附属中学艺术基础课程面向高中三个年级开设,平均每班每周 2 课时,全体学生必修。

(一) 课程总体目标

艺术与欣赏课程的总体目标分为艺术感知和文化自信两个部分。致力于培育学生的艺术核心素养,培养学生的审美情趣,增强中华文化认同感和文化自信。

1. 艺术感知

艺术课程面向全体学生，发展素质教育。以美育人，培育学生的艺术学科核心素养，增强社会责任感，促进学生全面发展，达到立德树人的根本任务。学生在艺术与生活、艺术与文化、艺术与科学相关联的情境中，参与各艺术门类实践活动，获得艺术感知、创意表达、审美情趣和文化理解的艺术学科核心素养。

2. 文化自信

通过对中国民族艺术的学习，学生能够对中国艺术精神有所感悟，增强文化认同和文化自信，能"坚守中华文化立场，传承中华文化基因，展现中华审美风范"；通过对世界艺术的学习，学生能够对世界文化艺术有所理解，敞开胸襟、放眼世界，在交流中吸收其他国家文化艺术的优秀成果，为成为具有较高艺术素养的人才奠定基础。

(二) 课程阶段目标

年段目标是根据学生不同年龄和年级阶段的心理、生理发展水平和艺术认知特点，并依据艺术学科核心素养水平划分标准，为普通高中艺术课程分年段设计出梯度递进的课程目标(见表5-6)。

二、课程框架

依据《普通高中艺术课程标准(2017年版2020年修订)》基本理念并结合上海交通大学附属中学学生的具体情况，以现代化技术与传统教学模式相结合的方式，力求将学生的审美水平和艺术品位提升到全社会同龄群体的头部层次，培养上海交通大学附属中学学生成为举止优雅、谈吐不俗、气质超群的文人雅士。

表5-6 艺术与欣赏课程阶段目标

年段	必修课程				选择性必修课程	
	艺术与生活	艺术与文化	艺术与科学	美术创意实践	音乐情境表演与舞蹈创编	戏剧创编与表演
初阶	认识艺术与生活实践的密切联系，发现与感受生活中的艺术	从艺术表现中感受中外艺术的特征，认识艺术与文化的联系	了解自然现象中的有序和无序现象，感受和谐与混沌，认识科学技术对艺术形象塑造的作用	感知美术中点、线、面、形、色、肌理等要素及组织形式在形象塑造、情感表达中的作用	参与民族音乐和舞蹈文化的情境表演，运用旋律、节奏、音色、织体、速度、力度等音乐要素和身体律动，表达思想情感	感知戏剧中语言，形象塑造和情感表现的作用和意义，理解戏剧与其他艺术门类紧密关联的综合性特征
中阶	探寻不同国家、民族、地域生活中的艺术表达	了解世界不同艺术形式的文化背景和内涵差异，形成尊重世界多元文化艺术的价值观	探究艺术与科学的相互影响和作用，培养审美情趣和人文精神	理解中国传统美术的文化特征，将其运用于"诗书画印"一体的美术创作实践	了解不同生活情境中音乐与舞蹈的多样性和丰富性，理解世界多元音乐文化，增强身体协调感	认识中华优秀传统戏曲艺术并理解其文化内涵，拓展文化视野，了解戏剧艺术的多样性和丰富性
高阶	运用多种艺术形式表达对生活的意象表现；有创意地设计、美化生活环境	选择适当的文化主题，进行艺术的模拟表现、变化表现和创意表现	利用多种艺术形式创造具有秩序之美与混沌魅力的艺术作品；探索现代科学拓展的艺术新领域，运用多媒体创作，备进行艺术创作	运用材料媒介及艺术形式法则，进行有个性的美术表现与创作	参与音乐与舞蹈即兴表演和有设计的创造性表演，结合多种艺术形式，相互进行角色创编与舞蹈创编	运用布景、道具、灯光、音效等综合要素，在团队协作配合中创造舞台形象

（一）课程结构

依据普通高中课程方案中关于课程与学分的安排，学校设置艺术必修课程和选择性必修课程。必修课程是全体学生必须修习的课程，是普通高中学生艺术发展的共同基础，偏重基础和理论内容，兼顾实践，包括"艺术与生活""艺术与文化""艺术与科学"三个模块（见图5-4）。选择性必修课程主要包括各艺术门类的基础知识和基本技能，是学生根据个人需求或升学考试需求选择修习的课程，由学生自主选择修习哪一门类课程，内容更加注重实践，包括"美术创意实践""音乐情境表演与舞蹈创编""戏剧创编与表演"三个模块。每学期三个年级均同时开设必修与选择性必修课程，两者学时各占一半。

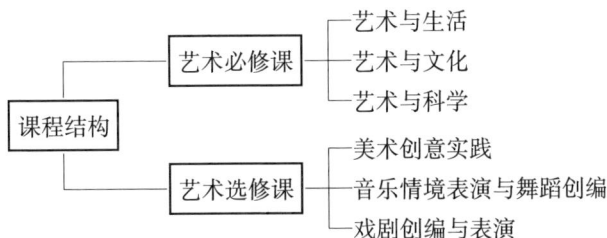

图5-4 艺术与欣赏课程结构

1. 艺术与生活

生活是艺术的源头，是艺术的根。艺术始终伴随着人类的生活实践和社会发展。通过本模块的学习，学生了解中外艺术作品中表现出的人与自然的和谐共生以及多姿多彩的社会生活与精神生活，深入认识中国各民族民间艺术在生活中的表现和价值，感悟到艺术之于生活的意义。

2. 艺术与文化

艺术是人类文明的精华，其形象性、审美性的特征生动体现出文化的丰富多彩。通过本模块的学习,学生将艺术与文化产生关联,从而感受到中华文化的博大精深和独特魅力,增强文化认同和文化自信;尊重世界文明的多样性,理解差异,以一个更多元化的视角体验人类文明的精妙与伟大。

3. 艺术与科学

在人类发展历程中,艺术与科学始终紧密相关,互相影响。当今时代的先进科学技术为艺术发展提供了更多的发挥空间和表现力,艺术的发展也为科学技术的进步带来了无限的创意与灵感。通过本模块的学习,学生可以发现艺术与科学之间的有机联系,欣赏科学带来的兼具秩序与混沌的艺术美感;了解科学技术在艺术表现中的应用,并运用多媒体手段进行艺术创造。

4. 不同方向的艺术实践

学校开设了美术、音乐与舞蹈、戏剧三个方向的实践类艺术课程,供全校学生选择学习。

美术创意实践模块通过美术实践指导学生塑造视觉艺术形象,培养学生的创造性思维和表现能力,启发学生通过视觉与其他多种感官的统觉,形成新的艺术创意,表达丰富的审美情趣和思想。

音乐情境表演与舞蹈创编模块旨在用综合艺术学习过程来连接戏剧、舞蹈等表演艺术门类,使学生能够创造性地运用音乐的多种表现形式,在合作、交流和表演中,提升音乐情境中的艺术表现能力。

戏剧创编与表演模块将引导学生认识到戏剧的本质是人类在进行自我认知、角色扮演、人性探究、生活再现,是融台词、动作、表演、音乐、舞台美术等多种门类为一体的综合艺术形式。学生在参与戏剧创编与表演的实践活动中,建立起行动性形象思维,发展艺术感知和表达能力。

(二)课程类型

艺术与欣赏课程分为必修课程和选择性必修课程两大类。必修课程主要包括艺术与生活类、艺术与文化类、艺术与科学类等。选择性必修课程包括美术创意实践、音乐情境表演与舞蹈编创以及戏剧创编与表演(见表5-7)。

(三)课程内容

艺术与欣赏课程的课程内容(见表5-8)紧扣课程目标,如高一上学期的艺术之源课,它的课程目标是了解艺术发端与人类文明发展的渊源,课程内容要点是梳理人类文明初期的艺术发展史,探寻艺术的起源。

三、课程实施

艺术与欣赏课程的课程实施包括四个途径:"师徒学堂"模式的课堂教学、多样化的艺术社团活动、课题探究和校内外展示交流。

(一)课堂教学

上海交通大学附属中学艺术与欣赏基础课程部分的教材采用上海音乐出版社出版的《高级中学艺术课本》,教学内容涵盖音乐、绘画、雕塑、舞蹈、戏剧、影视等多个艺术领域。在教学实践中,创设"师徒学堂"模式,即教师在课堂上亲力亲为,如同传统师徒间的传帮带模式。在教学过程中,教师不仅对教学内容进行语言讲解,更重视亲身示范的作用,随时对教学中的艺术表现技巧和表达形式进行现场示范。这要求教师在课堂上摒弃传统的"讲台—学生"的教室模式,采用"舞台/展台—观众"的工作室模式。课堂上学生可以随时提问,教师随时解答和示范,较好顺应艺术学科的程序性

表5-7 艺术与欣赏课程类型

学期	必修课程				选择性必修课程	
	艺术与生活	艺术与文化	艺术与科学	美术创意实践	音乐情境表演与舞蹈创编	戏剧创编与表演
高一 上	艺术之源	线的韵味	秩序与混沌	墨笔丹青	音乐剧、舞蹈、乐队基础训练(一)	戏剧游戏基础训练
高一 下	时代映像	生命节奏	理智与情感	笔走龙蛇	音乐剧、舞蹈、乐队基础训练(二)	戏曲基础训练
高二 上	四季抒情	符号象征	艺术与技术：结合体	雕栏玉砌	音乐剧片段排演、乐队排练(一)	戏剧、戏曲欣赏与片段模仿(一)
高二 下	民族节庆	丝绸之路	艺术与科学：交汇史	雕塑随形	音乐剧片段排演、乐队排练(二)	戏剧、戏曲欣赏与片段模仿(二)
高三 上	用艺术设计生活	剧场艺术	互联网时代的艺术创作	平面设计入门(一)	音乐剧整出排演、乐队伴奏(一)	戏剧、戏曲整出排演(一)
高三 下	用生活表达艺术	奇妙博物馆	多媒体艺术创作	平面设计入门(二)	音乐剧整出排演、乐队伴奏(二)	戏剧、戏曲整出排演(二)

表 5 - 8　艺术与欣赏课程内容

学期	课程名称	课 程 目 标	内 容 要 点
高一上	艺术之源	了解艺术发端与人类文明发展的渊源	梳理人类文明初期的艺术发展史，探寻艺术的起源
	线的韵味	感悟艺术中线条的装饰性和意象特征	探究艺术各门类中线条的运用
	秩序与混沌	发现和体会艺术与科学之间相互联系与影响的奥妙	通过各种实例研究科学与艺术的异同与相通之处
	墨笔丹青	理解绘画艺术的特点和意义	赏析中国画和西洋油画经典作品，学习中国画和油画的基础技巧
	音乐剧、舞蹈、乐队基础训练（一）	掌握音乐剧、舞蹈和乐队表演的基本技巧	音乐剧基本表演技巧和舞蹈基本动作的训练，乐队分声部排练初级曲目
	戏剧游戏与基础训练	理解戏剧的表演特征，掌握戏剧表演基础技巧	戏剧表演基本功训练，戏剧游戏和情境即兴表演
高一下	时代映像	概括经典艺术的总体特征及其与其时代的关系	了解几个代表性时代的艺术总况
	生命节奏	加深对艺术节奏表现力的感悟	从音乐、美术、舞蹈、绘画、雕塑等多种艺术形式中探索节奏与律动的感觉
	理智与情感	体会理性与感性的辩证统一，感受这个辩证法的世界	搜集感受科学家的艺术事迹，了解多元智力学说和大脑分区理论

（续表）

学期	课程名称	课程目标	内容要点
高一下	笔走龙蛇	了解中华传统书法的历史和成就	赏析不同风格时期书法作品并进行临摹
	音乐剧、舞蹈、乐队基础训练（二）	掌握音乐剧、舞蹈和乐队表演的基本技巧	在上学期基础上继续进行音乐剧基本表演技巧和舞蹈基本动作的训练，以及乐队合奏训练
	戏曲基础训练	认识戏曲艺术并理解其文化内涵	了解戏曲基本知识，模仿学习戏曲表演程式和唱腔
	四季抒情	感受时光轮回作为艺术创作永恒主题的深厚文化象征	鉴赏与季节相关的艺术作品，并尝试进行相关创作
	符号象征	加深对艺术与文化密切关联的认识	对比中西不同建筑风格，探究建筑艺术造型背后的文化符号特征
高二上	艺术与技术：结合体	感受到艺术和技术成功结合后产生的神奇魅力	通过了解电影、电子音乐等现代艺术形式，认识艺术与技术结合后的精妙产物
	雕栏玉砌	感受建筑艺术的独特魅力	了解中西不同时期的建筑特色，可以识别并用简图绘制其架构概念图示
	音乐剧片段排演、乐队排练（一）	可进行音乐剧片段演出、乐队合奏完整曲目	运用高一学习的音乐剧、舞蹈表演技巧进行音乐剧片段排练与演出，乐队训练合奏中级难度曲目
	戏剧、戏曲欣赏与片段模仿（一）	感受和体验戏剧之美，掌握戏剧、戏曲的简单表演技巧	赏析及模仿经典戏剧、戏曲片段

（续表）

学期	课程名称	课程目标	内容要点
高二下	民族节庆	感受多姿多彩的民族文化和艺术	了解中国若干民族的节庆习俗及其艺术表现
	丝绸之路	增进对一带一路战略的文化含义的理解	了解丝绸之路沿线多样的艺术特色与风情
	艺术与科学：交汇史	感受艺术与科学带给彼此的灵感与创意	了解数学、物理等科学规则在艺术作品中的体现，以及从古至今艺术对科学发展的启迪和推动作用
	雕塑随形	体验中西各种雕刻和中华传统篆刻艺术，初步掌握篆刻基本技巧	了解赏析雕塑和雕刻艺术，雕琢简单的印章
	音乐剧片段排演，乐队排练（二）	可进行音乐剧片段演出，乐队合奏完整曲目	继续进行音乐剧片段排练与演出，乐队训练合奏中级难度曲目
	戏剧、戏曲欣赏与片段模仿（二）	感受和体验戏剧之美，掌握戏剧、戏曲的简单表演技巧	赏析及模仿经典戏剧、戏曲片段
	用艺术设计生活	深切感受到生活离不开艺术，培育生活美学	学习用艺术手段装饰环境和设计生活用品
高三上	剧场艺术	为戏剧表演实践提供基础理论支持	了解剧场艺术的发展历程和主要特征
	互联网时代的艺术创作	体验并实践互联网带给艺术的全新感受和变革	通过音乐、动漫、摄影等网络艺术作品了解互联网时代的艺术创作新特色

（续表）

学期	课程名称	课程目标	内容要点
高三上	平面设计入门（一）	初步掌握平面设计基本技巧	学习图像处理软件的基本操作
	音乐剧整出排演，乐队伴奏（一）	可进行音乐剧全剧演出，乐队全场伴奏	排练演出完整的音乐剧剧目，乐队进行全场伴奏排练
	戏剧、戏曲整出排演（一）	深入感受和实践戏剧、戏曲艺术的综合艺术特征与无穷魅力	运用之前所学，排练演出整出戏剧、戏曲
	用生活表达艺术	尝试将生活过得更加雅致和有情趣，实践生活美学	组织"当艺术常驻于生活"展览和演出
	奇妙博物馆	感受博物馆的巨大魅力，培养参观与研究博物馆的良好习惯	采用"线上＋线下"二元方式了解世界著名的博物馆情况
	多媒体艺术创作	掌握与艺术相关的部分重要软件的基本操作	利用手机、电脑等多媒体手段进行艺术创作
高三下	平面设计入门（二）	学会平面设计的部分常用技巧	学习图像处理软件的部分中级复杂程度操作
	音乐剧整出排演，乐队伴奏（二）	可进行音乐剧全剧演出，乐队全场伴奏	排练演出完整的音乐剧剧目，乐队进行全场伴奏排练
	戏剧、戏曲整出排演（二）	深入感受和实践戏剧、戏曲艺术的综合艺术特征与无穷魅力	排练演出整出戏剧、戏曲

知识特点，能够有效达成教学目标。

(二) 社团活动

在基础课程之外，上海交通大学附属中学大力开展多种拓展课程，引导有兴趣、有特长的学生积极投入艺术第二课堂的学习中来。学校每周安排2课时专门进行艺术社团的学习活动，按照学生自发、教师引领的原则，成立民乐团、合唱团、吉他社、电子音乐社、说唱社、动漫社、戏剧社等一系列艺术社团，为具有艺术特长与爱好的学生提供了展示自我、交流学习的有效平台。此外，学校还面向内高班的新疆学生开展人文艺术课程，请校外专业教师和本校有特长的学生为有兴趣的学生开设二胡、冬不拉、都塔尔等民族乐器教学课程，取得了良好的艺术普及效果。

(三) 课题探究

上海交通大学附属中学对学生的艺术发展采取学生自主、教师辅助的方式。每节艺术课上，由学生自愿向全班展示自己的才艺。每周定期进行艺术角活动，由一个班面向全校组织一次小型艺术展演。社团也有定期会演/布展的任务要求。以上各项活动均作为学生个人的艺术类课题列入学业水平评价体系，对学生本人的艺术才能发展和审美水平提升起到重要促进作用。

(四) 展示交流

在上述基础、拓展两类课程基础上，上海交通大学附属中学积极组织学生参与校内外艺术活动，为学生提供了丰富的实践机会。每两年一届的校园艺术节，是全校师生翘首以盼的艺术盛宴。在艺术节的舞台上，师生争相亮相，同台献艺，展示上海交通大学附属中学师生艺术领域的熠熠风采。每年一届的秋韵杯校园歌手大赛和五四歌会,吸引了才华横溢的学子踊跃登台,展示自我。每年的上海市、区学生艺术单项比赛,上海交通大学附属中学学生积极参赛,屡创佳绩。学校各艺术社团还代表学校多次参加校内外交流演出活动,将课堂所学有效发挥于实践之中。

第五节　体育与健康:强健体魄 锻造健康身心

一、课程目标

上海交通大学附属中学共有体育教师 10 人,专职心理教师 2 人,其中 4 人是高级教师,师资结构合理。学校依据《普通高中体育与健康课程标准》(2017 年版 2020 年修订),制订学校体育与健康学科课程建设方案。培养身心健康、人格完善,有理想、有抱负,对未来有规划能力、具有社会责任意识的有为青年。

(一) 课程总体目标

体育与健康课程的总体目标为树立健康观念,形成健康文明的生活方式,增强学生的社会责任感和规则意识。

1. 健康观念

通过本课程学习,让学生不仅爱上运动,更能够积极主动地参与运动。学会健康的学习和锻炼,增强科学精神、创新意识和体育实践能力,树立健康观念,形成健康文明的生活方式。

2. 规则意识

培养学生在体育与健康方面的正确价值观、必备品格与关键能力,形成乐观开朗、积极进取、充满活力的人生态度,引导学生遵守体育道德规范和行为准则,塑造良好的体育品格,发扬体育精神,增强社会责任感和规则意识。把学生培养为身心健康、体魄强健、人格健全的人,为新时代健康文明生活做好准备,以获得高质量、有幸福感的人生。

(二) 课程阶段目标

课程阶段目标包括初阶目标、中阶目标和高阶目标。每一阶段目标均包含运动能力、健康行为、体育品德三个方面。

1. 初阶目标

运动能力:制订和实施体能锻炼计划,对锻炼效果做出评价;运用所掌握的运动项目技战术参加班级内的展示或比赛;掌握并能运用所学运动项目的比赛规则、裁判方法。

健康行为:理解体育锻炼对于健康的重要性,积极参与体育学习和课外体育锻炼;理解心理健康、社会适应、运动损伤和消除运动疲劳等方面的健康知识,在运动、学习和生活中保持较好的情绪稳定性;较好地处理人际关系,积极与人交流合作。

体育品德:在体育运动中积极克服内外困难,具有抗挫折能力,表现出勇敢顽强的精神,形成规则意识,具有公平竞争的意识和行为,能够正确对待比赛的胜负结果,胜任运动角色,表现出负责任的社会行为。

2. 中阶目标

运动能力:表现出对于体能重要性的正确认识;积极参加或组织班级内及以上的体育展示或比赛;将所学运动技能运用于日常锻炼或比赛中,主动运用所学的运动知识和技能,分析和解决运动项目学练中的问题。

健康行为：自觉主动地进行科学的体育锻炼，形成锻炼习惯；具有较好的健康意识，注意养成健康文明的生活方式。在运动、学习和生活中敢于面对困难和挫折，能有效调控自己的情绪；具有良好的合作能力和团队精神以及适应自然环境变化的能力。

体育品德：在体育运动中具有迎难而上、挑战自我、顽强拼搏的精神，自觉遵守运动规范和比赛规则，服从裁判，尊重对手，积极处理比赛中产生的问题，表现出负责任、敢担当、善担当的社会责任感。

3. 高阶目标

运动能力：运用科学锻炼原理设计和实施个人体能发展计划；运用所学运动项目的技战术、规则参加班级间的比赛，能够胜任比赛的裁判角色；运用综合知识和技能，分析和解决运动项目学习和比赛中的问题。

健康行为：积极主动地参与校内外体育活动，并能根据锻炼效果调整自己的体育锻炼方案；心胸开阔、情绪稳定、心态良好；具有良好的合作能力、团队精神以及较强的生活、生存能力；将所学的健康知识综合运用到生活中，形成健康文明的生活方式。

体育品德：在体育运动中表现出主动迎接挑战、战胜困难、坚韧不拔、追求卓越的精神，自律自制，遵规守纪，有效应对和正确化解运动中的冲突，并将在体育运动中形成的良好品德迁移到学习和日常生活中。

二、课程框架

课程结构包括体能、健康教育和运动技能系列。运动技能系列是满足学生形成运动爱好和专长以及个性发展的需要。课程内容包括篮球、足球、排球、乒乓球、羽毛球、健美操、武术 7 个运动项目,每个运动项目包含相对完整的内容体系,以便学生对所选项目进行较为系统的学练。在强健体魄的同时也健全其精神,促使学生人格完整,身心和谐发展。

(一) 课程结构

体育与健康的课程结构是以学科核心素养统领课程的目标、内容、方法和评价,即课程目标、课程内容、教学方法、学习评价等都紧密围绕学科核心素养设计和构建的(见图5-5)。学科核心素养形成的途径不仅包括体育与健康课,还有课外体育锻炼、体育竞赛活动和体育社团活动等。

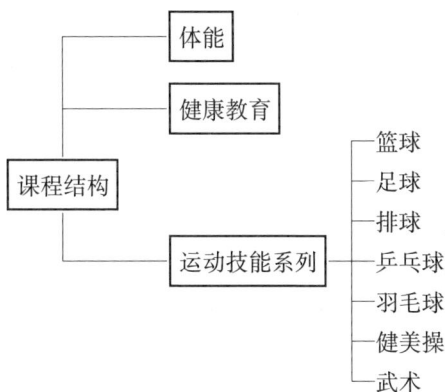

图5-5 体育与健康课程结构

(二) 课程类型

体育与健康课程包括体能、健康教育和运动技能系列三个部分。运动技能系列包括篮球、足球、排球、乒乓球、羽毛球、健美操、武术(见表5-9)。学生可以从中任选一个进行学习,满足学生个性化的学习需要。

表 5-9　体育与健康课程类型

年级			课　程　名　称
高一	体能	健康教育	运动技能系列（篮球、足球、排球、乒乓球、羽毛球、健美操、武术七选一）
高二	体能	健康教育	运动技能系列（篮球、足球、排球、乒乓球、羽毛球、健美操、武术七选一）
高三	体能	健康教育	运动技能系列（篮球、足球、排球、乒乓球、羽毛球、健美操、武术七选一）

（三）课程内容

　　体育与健康的课程内容侧重于三方面。体能课程内容是学生能够独立或合作制订和实施体能锻炼计划，并对练习效果做出合理的评价。健康教育课程内容则是学生掌握科学锻炼方法，养成良好锻炼习惯，学会自我健康管理；学会合理、适度的交往，了解生命的价值和意义，尊重自身发展节奏，学会自我保护；认识应激发展水平的变化，理解身心联动的作用，掌握有效的放松方式，缓解压力；关注健康，养成健康文明生活方式，改善身心健康状况，提高生存和生活的能力（见表 5-10）。

表 5-10　体育与健康课程内容

课程名称	课　程　目　标	内　容　要　点
体能	能够独立或合作制订和实施体能锻炼计划，并对练习效果做出合理的评价	体能发展的基本原理与方法、测量与评价体能水平的方法、体能锻炼计划制订的程序与方法、有效控制体重与改善体形的方法

(续表)

课程名称		课　程　目　标	内　容　要　点
健康教育		掌握科学锻炼方法,养成良好锻炼习惯,学会自我健康管理;学会合理、适度的交往,了解生命的价值和意义,尊重自身发展节奏,学会自我保护;认识应激发展水平的变化,理解身心联动的作用,掌握有效的放松方式,缓解压力;关注健康,养成健康文明生活方式,改善身心健康状况,提高生存和生活的能力	健康的基本知识与技能,合理营养和食品安全,常见传染性和非传染性疾病的预防和控制,环境、健康与体育锻炼的关系,安全运动和安全避险,常见运动损伤的预防与处理,人际交往、学业适应,生命价值安全教育,提高心理健康水平和社会适应能力
运动技能系列	篮球	能够运用所学的运动知识、技能和方法,参加与组织体育展示和比赛活动,显著提高体能与运动技能水平,掌握和运用选学运动项目的裁判知识和规则,增强发现问题、分析问题和解决问题的能力;了解和分析国内外的重大体育赛事和重大体育事件,具有运动欣赏能力;能自尊自强,主动克服内外困难,具有勇敢顽强、积极进取、挑战自我、追求卓越的精神;正确对待比赛胜负,胜不骄、败不馁;胜任不同的运动角色,表现出团队合作与负责任的行为;遵守规则,文明礼貌,尊重他人,具有公平竞赛的意识和行为	基本知识与技能、技战术运用、专项体能、展示与比赛、规则与裁判方法、观赏与评价
	足球		
	排球		
	乒乓球		
	羽毛球		
	健美操		
	武术		

三、课程实施

体育与健康课程的实施路径包括以体验、互动的方式进行课堂教学、开展实践活动、举办多类型的赛事学习和心理科学相关的课题探究。

(一) 课堂教学

体育与健康课程的实施十分重视学法的指导。在课堂中,以动作细节的图解、自制教具、评价工具作为主要学习资源,帮助学生获取信息并支撑小组合作学习,学生由被动听讲转为主动观察,同时对学生提出应注意的观察点,使学生由机械模仿转为主动的尝试体验,达到掌握技术动作要领的目的。

在学习方式方面采用体验、互动的方式,对学生生理健康、心理健康、生涯规划等内容进行授课,帮助学生适应高中学习和生活,促进学生身心健康和谐发展。

(二) 实践活动

在扎根课堂教学的同时,深入挖掘课外活动与课堂教学的契合点,精心选择并设计活动的内容与形式,寻找课外体育活动中体育与健康融合的策略。

开设"心理协会"社团活动课程,让更多对心理学有兴趣和将来想在心理领域有所建树的学生,可以获取更多有关心理学方面的知识。

(三) 赛事学习

在体育与健康学科课程中采用运动教育模式,在整个教学周期中把不同的教学单元扩展为不同的"运动季",把学习成员划分为若干个实力相当的团队,以竞赛活动为主要载体,充分运用直接教授、同伴教学、合作学习、团队协作和角色扮演等形式,使学生体验并亲自经历真实而丰富的各种运动、竞赛。在运动教育中,竞赛这种方式应与学生的发展水平和需要相匹配,可以由学生自行协商或与教师共同制订特定的比赛规则。在特定的规则之中,让参赛者的智力、体能、技术、技能等方面进行单项或综合的较量，以赛激趣，以赛促学，以赛促用。所有参赛学生都需要加盟一个团队，学生不只是运动员，还需要围绕运动竞赛学习，承担不同的责任，学习做总教练、裁判、记分员或统计员、宣传员等，在团队中为共同的目标有效工作，为自己的团队做出应有的贡献。

（四）课题探究

学生如果对心理领域感兴趣，可在综评课题选题时选择与心理科学相关的主题，专业指导老师会指导学生一起完成心理类课题，促进学生在分析问题、设计实验、编写问卷、处理数据和撰写总结报告等环节中成长，提升学生的科研能力。

第六节 社会与人文：拓宽视野 弘扬民族精神

一、课程目标

以历史和政治学科为核心的人文社科类学科，是在正确的世界观、价值观和人生观指导下，对人类的过去与今天进行叙述和阐释的学科，是培养年轻人历史意识、公民意识、文化素养与情感价值观念的重要基础。社会与人文学科，与科学和艺术学科一起，共同构成了人类文化的主体部分，在传承人类遗产、提高公民素质等方面具有不可替代的作用。

（一）课程总体目标

依据相关学科的现行课程标准，上海交通大学附属中学社会与人文学科的目标总体包括如下内容：

1. 立德树人

学生通过课程学习，掌握必备的历史知识，了解唯物史观的基本观点和方法，能够将唯物史观运用于历史的学习与探究中。具有集体主义精神，遵循规则，有序参与公共事务，热心公益事业，践行公共道德，乐于为人民服务，勇于担当社会责任。

2. 政治认同

通过对课程的学习，学生认同走中国特色社会主义道路是历史的必然，坚信中国特色社会主义是国家富强、民族振兴、人民幸福的根本保障，拥护党的领导，感悟人生智慧，过有意义的生活，以锐意进取的态度和负责任的行动促进社会和谐。

3. 法治意识

理解法治是人类文明演进中逐步形成的先进的国家治理方式，明确建设社会主义法治国家的基本要求，树立宪法法律至上、法律面前人人平等的法治理念，懂得权利与义务的关系，养成依法办事、依法行使权利、依法履行义务的习惯。

4. 价值观

在树立正确历史观的基础上，从历史的角度认识中国的国情，形成对祖国的认同感和正确的国家观，认同社会主义核心价值观，树立道路自信、理论自信、制度自信和文化自信，确立积极进取的人生态度，塑造健全的人格，树立正确的世界观、人生观和价值观。

(二) 课程阶段目标

上海交通大学附属中学将拓展学生的社会人文视野作为学科的核心价值，在各相关学科的设置与教学实施中，努力发展学生的人文思维，提高人文学科核心素养的落实力度，让学生能够从社会发展的角度理解并认同中华民族的优秀传统文化与社会主义核心价值观，认识并弘扬以爱国主义为基调的民族精神和以改革创新为核心的时代精神，树立正确的人生态度和价值观念，为未来的生活奠基。

1. 初阶目标

以通史教学为基本内容，要求学生在熟悉、巩固史学知识的前提下，进一步巩固对相关史学方法论的掌握，并尝试运用史学理论，发现和分析问题；着眼于人类社会的发展历程，立足于中国特色社会主义的伟大实践，明确中国特色社会主义是科学社会主义理论逻辑与中国社会发展逻辑的辩证统一，中国特色社会主义进入新时代，帮助学生树立共产主义远大理想和为中国特色社会主义共同理想而奋斗的信念。

2. 中阶目标

以专门史教学为主要手段，要求学生对人类历史发展中的政治体制与各项国家制度、民族关系与国家关系、经济生产和生活进步，以及文化的交流、传承和变迁等方面，形成全面、系统的认识，能够自主寻找、有目的地搜集，并且科学地运用史料，通过史料例证来构筑历史人物、历史事件、历史存在的较为完整的面貌。以党的领导、人民当家作主、依法治国有机统一为主线，讲述党的领导是人民当家作主和依法治国的根本保证，人民当家作主是社会主义民主政治的本质特征，依法治国是党领导人民治理国家的基本方式，奠定学生政治立场与法治思维的基础。

3. 高阶目标

通过史料及历史方法的相互结合，对历史规律进行自主归纳与概括，拥有初步的、独立研究历史和撰写历史论文的能力，成为历史学科核心素养的具备者和使用者。系统学习马克思主义辩证唯物主义和历史唯物主义观点,坚持实践的观点、历史的观点、辩证的观点、发展的观点,在实践中认识真理、检验真理、发展真理,讲述社会生活及个人成长中的价值判断、行为选择和文化自信的意义,为培育学生思想政治学科的核心素养,奠定世界观、人生观、价值观的基础。

二、课程框架

社会与人文课程框架涵盖历史发展与社会运作各个领域的基本脉络和线索。

(一) 课程结构

就课程结构而言,高中阶段的社会与人文课程,包含基础性课程与拓展性课程两类。基础性课程主要以国家统编教材为教学媒介,执行和落实国家课程方案,构建各教学元素之间的教学关联。拓展性课程则以统编教材中的专题内容为主,辅以校本学材与实践活动,依据学校学情与海派地方特色,鼓励学生亲身参与发现和研究的过程中,建立批判性思维,拓展社会与人文类知识面,培养社会责任感(见图5-6)。

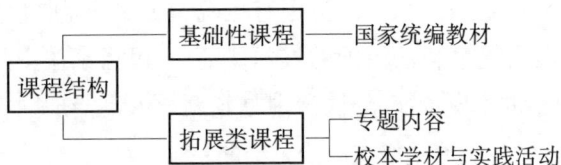

图5-6 社会与人文课程结构

(二) 课程类型

社会与人文课程的教学目标,需要落实到具体学年的课程设计中,才能得到体现和贯彻。在复杂的世界环境中,学生比以往更需要广泛地了解历史、认识社会,理解各种文化与不同文明背景下的人群,理解与自身完全不同的观念和生活方式。通过一系列均衡的、整体的、深入的学习,学生不但能够欣赏到这个世界的过去与现在、文化与文明,还能够通过发掘其中的共通点,形成基于人性的同理心。在这样的学习习惯下,学生能够善于从他人的视角看待事物,并在研究他人、古人和今人的过程中,更好地理解自身。在此前提下,上海交通大学附属中学的人文和社会学科组,对课程内容进行了如表 5-11、表 5-12 所示的设计。

表 5-11　历史学科设计

学期	基础课程	拓展课程	
	主要教材	教材	活动
高一上	统编教材·通史·中国史	中国史	寻访前人遗迹、广富林遗址、吴淞炮台、中共一大会址等。探寻今人足迹:上海交通大学、沪东造船厂、洋山深水港等
高一下	统编教材·通史·世界史	世界史	史料研读:《世界通史》《全球通史》、各国历史专著等。史料运用:"和大家一起认识我最喜欢的文明史"活动
高二上	统编教材·选择性必修	国家制度与社会治理	基层访谈:参观走访市、区与街道相关机构及事业单位,了解历史,撰写记录。历史辩论:结合历史上重要制度的兴废,模拟历史场景,展开辩论活动
高二下	统编教材·选择性必修	经济与社会生活	民生接触:参观走访各级各类市场、港口区域、保税区,了解发展历程,撰写记录

(续表)

学期	基础课程	拓展课程	
	主要教材	教材	活动
高三上	统编教材·选择性必修	文化交流与传播	"青年外交官"活动：利用"模拟联合国"论坛，与上海交通大学附属中学国际学生定期交流，角色扮演、场景重现。编排一幕相关历史舞台剧
高三下	统编教材·选择性必修	相关校本学材	"未来的史学家"活动：独立寻找论题，搜集和整理史料及物证，撰写一篇历史类论文，并以论文为核心，展开交流研讨

表 5‑12　政治学科设计

必 修	选择性必修	选 修
中国特色社会主义（1学分）	当代国际政治与经济（2学分） 法律与生活（2学分） 逻辑与思维（2学分）	财经与生活 法官与律师 历史上的哲学家
经济与社会（1学分）		
政治与法治（2学分）		
哲学与文化（2学分）		

三、课程实施

社会与人文课程的实施途径包括坚持统一性与多样性的课堂教学和包含参观红色景点、了解政治参与途径和方式、体验社会主义新农村建设的社会实践活动。

（一）课堂教学

人文社科课程的意识形态属性要求较高。在课堂教学中，首先，坚持统一性与多样性相结合。根据党和国家的课程标准要求，落实教学目标、课程设置和教学管理等方面的要求，坚持把党和国家的教育思想、人才培养理念、政治认同等有机整合到学科教学中。

其次，坚持落实课程标准的要求。在实施过程中，充分发挥学校特级教师团队、学科名师、学科带头人的作用，广泛开展课程教学研讨，提升人文社科类学科教师团队的协同教研能力，切实做好教师培训和校本研修，促进教师更新新课程理念和知识结构，转变教学方式，提高课程教学实效。

（二）社会实践活动

对以政治、历史为代表的人文学科而言，实施课外实践活动尤为必要。通过结合上海各区的红色景点研学，让学生感悟其中的红色故事，知史、明史，坚定革命斗争精神，提升学生的精气神。通过前往国家机构、社区等观摩，了解其运作方式，了解政治参与的途径和方式。在参观学习过程中，强调小组之间的研讨，发现问题，并提出相关方案，切实走进社会大课堂。

小结

上海交通大学附属中学的六大课程体系既有引领性的课程总体目标，又有明确的课程阶段目标。我们紧扣课程目标设计课程结构、划分课程类型、充实课程内容，课程实施的方式也呈现出多样化特征，广泛采用课堂教学、实践活动、课题探究、社会服务等方式。由此，不仅让学生感受到学习的兴趣，更满足学生个性化的学习需求，培育学生核心素养，促进学生全面发展。

第六章

课程评价：L‑IBDP 课程的评价体系

L‑IBDP 课程评价是基于情境脉络的课程评价观，致力于形成开放性的课程评价框架。L‑IBDP 课程评价从多元视角关注学生的个性化发展过程，尊重不同文化环境、知识类型、应用情境之间的差异，提供具有针对性和现场感的课程评估工具，为学生拓展国际视野、提升思维品质、发展自学能力提供助力。

第一节　固本培元，评价基础与原则

为实现育人目标，L‑IBDP 教学体系"以学习为中心"创建，将促进学生深度思考，提升学生自主学习能力作为课程评价的要旨，在评价标准中贯彻培养学生高阶思维与多元智能的理念，并在实践中融入建构主义思想，遵循预示性、真实性、开放性与发展性四项基本原则，保障评价的灵活性，以适配学生的自主学习。

一、理论基础

L‑IBDP 课程评价以高阶思维、多元智能、建构主义等理论为基础，关注学生的个性化发展，主张提升学生的思维品质，发展学生自主学习、深度学习的能力。

（一）高阶思维成为人才培养重要目标

布鲁姆的教育目标分类学的认知领域教育目标包括六个维度：识记、理解、应用、分析、综合和评价。2001年，安德森修订了布鲁姆的教育目标分类学，将原来的"认知"拆分成"知识"与"认知"两个维度，并把"分析、综合、评价"修改成了"分析、评价和创造"。识记、理解、应用通常被称为"低阶思维"，分析、评价和创造通常被划分到"高阶思维"。这是目前国外众多学者认可的高阶思维的内涵。[①]

互联网时代，知识的获取更加便捷，知识储备量不再是评判个人才能高低的唯一标准，搜索、筛选、排序、分析、综合、评价、创造等高阶思维能力越来越重要，人才培养目标也随之转变，这对学校课程建设提出了新要求。[②]

上海交通大学附属中学L-IBDP课程创设的初衷就是根据时代要求和学生发展需要，着重培养学生综合分析、批判评价、创新创造等高阶思维能力。布鲁姆划分的认知性质或层次在学术界仍存在分歧，但其教育目标分类学理论仍然为课程评价提供了一个可供参考的框架，这个框架更能表达思维的多维性。以"高阶思维"为理论基础，课程评价的目标、标准需要考虑思维的多样性与层次性。

高阶思维的产物具有多样性，许多只考察知识记忆、概念背诵

[①] 姜玉莲. 技术丰富课堂环境下高阶思维发展模型建构研究[D].长春：东北师范大学，2017.

[②] 国际文凭组织.国际文凭大学预科项目指南[EB/OL]. https://www.ibo.org/globalassets/digital-toolkit/other-languages/dp-introduction-2015-zh.pdf.

和常规技术回忆量的传统考题已经不再适用,只有在具体问题的解决中,才能够评估学生分析、综合和评价的能力,[①]这类问题的答案通常不唯一,甚至不能对答案做出严格的内容限定。评价目的和学生发展目标发生了改变,评价的内容、方法也需要转变,虽然正确答案不固定会使得评估的可靠性产生动摇,但这种评价模式符合学校引入 L-IBDP 的初衷,有利于培养学生的综合分析、批判评价、创新创造等高阶思维能力,符合时代要求和学生自身发展的需求。

(二) 评估多元智能需要多种评价方式

传统智力观只关注语言能力、数理逻辑等,受其影响的智力测试也只关注学生在逻辑与认知任务方面的表现,测试结果往往难以预测个体在现实生活中的实际表现。受传统智力观的影响,人们对教育评价有些许误解。

1983 年,美国心理学家霍华德·加德纳提出多元智能理论,认为人至少具有七种相互独立的智能,分别是语言智能、数理逻辑智能、视觉空间智能、身体动作智能、音乐智能、人际智能与自我智能。[②] 他批判了传统教育评价过于偏重语言智能和数理逻辑智能,而忽视不同学生优势智能组合可能存在差异,主张了解学生的真实智力需要采用多元评估方式测量不同智能,只有这样才能反映学生的真实水平。

L-IBDP 课程将多元智能理论作为评价依据,并对评估方式做了多元化处理,主要表现如下:

---

① 国际文凭组织.国际文凭大学预科项目指南[EB/OL].https://www.ibo.org/globalassets/digital-toolkit/other-languages/dp-introduction-2015-zh.pdf.

② 霍华德·加德纳.多元智能[M].沈致隆,译.北京:新华出版社,1999.

（1）采用内部评价与外部评价两种形式；

（2）根据学科特点设置评价标准与评价方式；

（3）评价主体多元化，校内外教师、学生本人、学生同侪均参与教学评价，各主体从自身角度出发，给出针对性建议，促进学生发展。

（三）建构主义理论视角下的新评价观

建构主义源自皮亚杰对西方传统认识论的批判与继承，皮亚杰认为知识既不发端于客体，也不发端于主体，而是产生于主客体之间的相互作用。[①] 建构主义知识观认为知识是在主客体相互作用中构建起来的，有意义的知识是个体在真实情境中构建出来的，完成于个人在反省和为适应环境进行自我调节的过程中。在这样的知识观下，学习过程重视情境性，教学方法强调非结构性，教师在学生理解个人意义与社会文化意义时扮演着中介者的角色。[②]

以建构主义理论为基础，L-IBDP课程评价倾向于使用真实问题去考查学生的能力与表现，鼓励学生在学习过程中发挥主体性和创造性。在L-IBDP内部评价中，允许学生根据自身兴趣、知识背景、个人经验自拟选题，在评价学生学业成果时注重报告的科学范式、逻辑形式以及相关的操作技能。在L-IBDP统一考试中，大部分试题以开放性的方式呈现，这些开放性试题不对答案做严格的内容限定，学生能够根据自己所学的知识和技能，结合实际生活和经验，做出合乎逻辑的解释。

---

① 陈琦，刘儒德.当代教育心理学[M].北京：北京师范大学出版社，2007.

② 蔡永红.对多元化学生评价的理论基础的思考[J].教育理论与实践，2001，21(5)：34-37.

二、评价原则

L-IBDP 的评价注重促进学生自主发展、培养学生自学习惯。评价原则包括预示性原则、真实性原则、开放性原则和发展性原则。预示性原则为学生提供学习目标,指明学习方向与途径。真实性原则保障学习内容的现实性与实用性,鼓励学生学以致用。开放性原则不限制学生自由展现所学内容,保护学生自主探索与思考的能力。发展性原则包容学生在成长道路上的低谷,允许学生展现自己最好的一面。

(一) 预示性原则

L-IBDP 课程对学生自主学习提出了较高要求,学生需自行规划学习内容、把握学习进度、完成学习任务、达成学习目标。若未能正确理解 L-IBDP 课程的评价体系及各个学科领域的评价标准,学生很可能因学习目标不明确而陷入迷茫。

使学生提高学习效率与质量,能够将更多精力集中于知识学习和自我成长,减少花费在寻找学习目标与自我度量工具上的时间。L-IBDP 参考 IBO 的做法,为每一学科专门制订了评价大纲,评价大纲详细介绍了该门学科的考试题型,一方面帮助学生体会与了解评价标准的实质性内容,另一方面为学生提供了考试题目的范例,有助于进一步把握考试难度与出题方式。这样的评价大纲使得读者对 L-IBDP 课程的考试内容形成初步预期,并随着学习逐渐深入,越来越清晰地理解大纲中提出的评价标准。对于 L-IBDP 课程的教师和学生来说,清晰统一的学习目标与稳定的课程评价预期可以为他们自主调节教学与学习指明方向,教师可以参考课程大纲设置教学内容与考查难度,学生可以根据课程大纲要求补齐知识短板。

（二）真实性原则

Wiggins 提出需要在教育评价中加入真实性评价元素，Wiggins 认为评价应该是"我们直接考查学生在一些有价值的认知任务上的表现"。[①] 有价值的认知任务主要指的是提出和解决社会中真实存在的问题，通过实验或逻辑推理的方式进行研究，并不断修正研究成果的过程。教育教学需要模拟真实社会的情境，评价也需要符合真实性。这里的真实性包含六个特征：

（1）真实性：评估反映了信息或技能在"真实情境"中的使用方式。

（2）判断和创新：评估是解决可能有不止一个答案的非结构化的问题，并要求学习者做出知情的选择。

（3）做：评估要求学生"做"与这个学科有关的主题内容。也就是说，要把与这个学科有关的典型知识学一遍。

（4）情境：评估要在技能产生的类似的生活情境中进行。

（5）综合能力：评估需要学生展现出解决复杂问题的综合能力。

（6）反馈和练习：评价允许有反馈、练习和第二次解决问题的机会。[②]

在 L－IBDP 的评价过程中，也要求被评价作品的内容形式与当前社会中的实际调查研究形式相符。如在内部考查过程中，理

---

① Wiggins, G. The case for authentic assessment. [J]. Practical Assessment Research and Evaluation, 1990, 2(2): 4.

② Wiggins, G. Teaching to the(authentic) test [J]. Educational Leadership, 1989, 46(7): 10.

科会通过实验报告、软件编程、构建数学模型等方式考查学生对知识的掌握情况,文科则会用文学作品鉴赏、田野外勤调查等方式考查学生的实际文学功底与社会调查能力。这样设置评价的目的也是为了让学生在实际学习过程中逐渐掌握这些学科在真实社会中调查研究的实际流程与方式,帮助学生学习到更具现实意义的知识。

(三) 开放性原则

IBO 以"培养具有国际意识的人,使学生认识到自己的价值,认识到构建人类命运共同体,共同守护地球,有助于创造更美好更和谐的世界。"[①]作为 IB 的育人目标。而培养学生的国际视野与家国情怀也正是 L-IBDP 项目的培育目标之一。在学生学习 IBDP 课程中大部分学科时,会因个体所处的社会环境、风俗文化及意识形态的不同而在学术兴趣与观察视角上产生明显的差异。L-IBDP 课程注重标准参照的评价模式,但严格意义上的标准参照评估只适用于比较直接、容易定义、统一的任务类型,不适用于比较复杂且多元的内容评估。因此在 IBDP 课程评估过程中注重学生作品的形式,而对内容的评估是具有非结构性和开放性的,不会有严格意义上的标准答案。例如在 IBDP 课程历史统考的评判标准中,对学生材料分析题评价方面并没有做出明确的内容限制,而是强调学生需要应用知识与材料进行论述与佐证。[②] 而对于内容形式的标准则明确得多,例如在答题标准中

---

① IBO. Benefits of the IB[EB/OL]. https://www.ibo.org/benefits/learner-profile/,2020.

② IBO. History guide first examinations 2020[EB/OL]. https://cpb-us-e1.wpmucdn.com/share.nanjing-school.com/dist/d/75/files/2019/08/History-Guide-2020.pdf.

"回答内容集中于对问题的解答上""对资料有清晰明确的参考，参考资料有被有效利用""能够将材料与知识有效结合，能够通过这种结合证明观点"①这些逻辑形式、科学范式才被考官作为主要评分标准。

开放性原则不仅帮助学生适应文化融合课程的学习，也减少了知识应用的限制，使得学生在答题和研究时无须拘泥于参考答案和考官偏好，而是更多展现自己对知识、材料的理解与应用。

（四）发展性原则

L-IBDP课程的评估重视学生进步，在进行评估的时候要考虑学生发展的适配性，只有适合学生特定阶段发展的评估才是有意义的。任何学生在初接触L-IBDP课程时都会有一个适应过程，其间学生可能经历痛苦与迷茫、学习效率低下、学业成绩不佳等状况，这一过程会通过作业的形式记录在内部评价中，但这一部分内容很少会影响到最终的成绩表现，L-IBDP课程的评价允许学生经历学习低谷期。最终会被采纳的内部评价是由学生自主挑选、自认为满意的作品，即使之前有无数次失败的记录也不会影响对最终作品的评估。

评估应起到促进学生发展的作用。学生最终成品前的作品也会被教师以内部评价标准为依据进行评估，并将评估内容反馈给学生。这样的评估可以帮助学生发现自己作品中的问题，了解自身能力与知识结构中的缺陷，并找到继续学习的方向。学生能在不断打磨作品的过程中获得实质性成长。

---

① IBO. History guide first examinations 2020 [EB/OL]. https://cpb-us-e1. wpmucdn.com/share.nanjing-school.com/dist/d/75/files/2019/08/History-Guide-2020. pdf.

第二节 多元开放,探索模式与方法

为了更全面系统地了解学生学习效果,L-IBDP课程采用多元评价方式和混合评价模式,利用不同评价主体的不同视角,为不同学科匹配相适宜的评价方法。将不同类型的评价整合,形成合力,共同为学生成长赋能。

一、多元评价方式

实施多元评价是为了更全面、更科学地评价学生。不同评价主体可以提供更多评价视角,减少主观偏见对评价的影响。多种评价机制提供了学习过程性与总结性的信息,使评价的信息更全面,评价结果与学生真实水平相符。多元评价方式使评价契合学科特点、符合教学目标,使评价设计更合理、更科学。

(一) 主体多元

与传统教学评价不同,L-IBDP课程的评价主体不仅是教师,还包括学生本人、学生的同侪,例如档案袋作为L-IBDP课程内部评价体系的主要载体,艺术学科中,教师对档案袋的内容设计只起到辅助和引导作用,将哪项作品放入档案袋的决定权在学生手中,决定用哪项作品送审考核取决于学生自己对学习成果的评价与判断,此外,小组或社团成员之间的相互评价内容也会在书面评价报告中呈现。

多元主体评价体系包括教师对学生的评价,学生自评,学生互评,这使得学生的学业成果、自我印象、人际关系都在评价中体现,形成更为立体的、全方位的综合性评价。

学生作为评价主体发挥了许多传统被动评价不具有的潜在优势，一方面，学生作为评价主体会更能掌控自身的学习，更愿意从作品中表达自己的思想与魅力，从而发挥自主性；另一方面，学生担任自己的评委，可以养成学生的批判性思维，以观察者或旁观者视角重新审视自己的作品，发现问题自行修正与改进。

（二）机制多元

L-IBDP课程评价由两大机制组成，分别是内部评价与外部评价。内部评价用于考查学生学习发展的轨迹，评估学生学习进步的方式。内部评价占各科总成绩的比重在20%～50%之间，其中，中文中占50%、英语中占30%、物理、化学中占25%、数学中占20%、人文学科中占25%、艺术中占40%等。内部评价主要以档案袋为载体，根据不同学科要求在档案袋中放入学生作品，同时附上作品的设计过程、改进过程及草图等作为评价参考材料。学科教师依据学科考核标准对档案袋内容进行严格的审核并撰写评价报告，学校或IBO评审员对档案袋内容进行抽查与复核。

此外，三大核心课程科技理工素养，创意、活动、服务，生涯发展规划活动也属于内部评价范畴，参照IBO对TOK、EE、CAS的课时要求，科技理工素养学习100课时，并完成相关论文；创意、活动、服务中实践研究需要学生在教师指导下完成一篇论文，字数4000字左右；生涯发展规划保证每周半天，两年150小时的活动时间，并将活动报告放入档案袋中，供复核。

L-IBDP课程外部评价占到总成绩的50%～80%，主要通过闭卷对学生学业进行评估。为保障外部评价的客观性和有效性，IBO制订了评价流程，包括十一个步骤，分别是准备试卷、安排考试日期、任命考官、特定科目的提前评估、邮寄考卷、组织全球统考、为考卷打分、管理考试材料、授予考试分数、发布分数、考生查分，每一个步骤都有科学具体的实施策略。[①] 统考通常在每年五月由 IBO 统一组织，由于学科种类较多且每一门学科需要区分不同难度，一般考试时间持续进行 3 周左右，每天考试不超过 6 小时。[②] 这种时间安排一方面可以避免选择不同科目的学生考试时间有冲突，另一方面可以保障学生具备持续参与考试的体力与精力。

(三) 方式多元

L-IBDP 课程的内部评价体现了评价方式多元化，内部评价会根据学科本身特点采用适宜的评价方式，主要的评价方式有以下几类：

第一类是口试或自我展示，口试通常应用于语言类学科，包括中文学科与英语学科。口试包含两种形式：个别口试和小组口试。[③] 个别口试中每个学生根据自选课题进行大约 3~5 分钟陈述，教师会根据选题及学生报告内容进行提问与讨论，过程类似于课题答辩，目的是培养学生的探究精神。小组口试中学生对有争议的主题进行小组讨论、分组辩论，这种形式可充分展现小组中每一位成员的观点，表达他们对主题的认识与洞见，使得语言学习不止停留在表达应用上，更让学生通过思考了解语言的文化内核，理解语言的内在逻辑与特性。口试满分 30 分，内容、交际能力、语言每个方面 10 分。语言课程标准水平和高级水平的内部评价分数

---

① 徐鹏.IB 国际课程研究[D].上海：上海师范大学,2015.
② 金添. 国际文凭项目学生评价研究[D].北京：北京师范大学,2008.
③ IBO. Diploma programme language B[Z]. Switzerland：Geneva，2004.

（口试成绩）占该课程成绩的 30%。[1]

第二类是田野调查报告，[2]该方法通常被用于地理、历史等人文社科类学科的内部评价，学生在教师指导下展开实地调查、收集信息资料、运用科学手段综合分析并撰写调查报告，调查报告字数为1 000～2 500。田野调查在高级水平和标准水平中的指导要求基本相同，调查主题通常由教师确定，学生选取两个不同的主题分别进行实践调查，[3]调查可以由学生独立完成，也可以通过小组合作完成，但研究报告需要独立完成。这既考查学生自主学习的独立性，也培养学生之间相互帮助、共同克服困难的合作精神。教师考察田野调查报告时会重点考察以下六项内容[4]：

（1）调查目标的阐述清晰全面；

（2）研究假设的陈述简洁明确；

（3）收集数据所使用的技术符合科学范式（如样本大小、调查的时间和范围）；

（4）收集材料分析符合逻辑，具有创新性；

（5）正确地讨论研究价值与局限性，并得出研究结论；

（6）参考文献引用准确。

第三类是实验法，学生根据学科要求自拟选题，在教师指导下使用实验器材进行实验，观察现象并记录，运用科学模型分析并撰写研究报告。实验法主要运用于理科类学科领域中，主要包括生物、化学、物理、环境系统（只有标准水平）、设计技术等以实验为基础的学科。[5]

① 金添.国际文凭项目学生评价研究[D].北京：北京师范大学,2008.
② IBO. Diploma programme geography[Z]. Switzerland：Geneva，2003：53-57.
③ 金添. 国际文凭项目学生评价研究[D].北京：北京师范大学,2008.
④ 金添. 国际文凭项目学生评价研究[D].北京：北京师范大学,2008.
⑤ 王静. 国际文凭项目学生评价：目标、过程及方法研究[D].上海：上海师范大学,2013.

本着真实性原则,科学类学科的学习十分接近真实研究,通过小课题、小实验帮助学生体验学科科研内容,养成良好的研究习惯,提升科学素养。教师在评估学生的研究报告时会考查研究报告的研究目标、研究假设、信息收集的科学性,分析的合理性,文献应用的规范性等内容,综合评价学生的知识掌握、实验规范与科学素养。

第四类是课题法,学生根据社会中的真实问题或需要选定课题,通过探索形成解决问题的方式方法。课题法主要用于评估信息技术学科的学业水平,也会出现在其他学科的内部评价中。虽然课题要求学生解决真实情景下的问题,但是由于学生技能水平有限,解决方案能够基本解决问题或在理想情况下解决问题即可,同时鼓励学生为完善解决方案不断努力发展自身技能。[①] 课题法的考查方式有三种,分别是课题报告、日志、作品。课题报告考查的内容包括方案的可行性分析、方案设计、结果预测及测试等。日志则是学生平时收集的数据、设计过程中的随想、修改意见等。信息技术课程的内部评价关注学生对软件工程思维、软件设计过程以及算法的掌握程度,因此在评价学生作品时既要考查软件的运行状况,又要考查学生在软件编程与算法中是否使用了课程要求使用的必要内容,其中包括数组、自定义对象(面向对象编程)、记录、选择结构、文件读写等 15 条,学生使用 10 条以上,最后得分才不会"打折扣",如果只使用了其中的一部分,其得分就要乘上一个零点几的系数。[②]

第五类是档案法,学生在提交内部评价作业时将学习的过程性内容也放入档案袋中,如信息技术的日志、实验设计等。档案法是艺术类课程最主要的内部评价机制,学生会将以下资料放入档

① 金添. 国际文凭项目学生评价研究[D].北京:北京师范大学,2008.
② 金添. 国际文凭项目学生评价研究[D].北京:北京师范大学,2008.

案袋中：① 与该单元内容有关的音频、视频、文字、图像等多种形式的资料；② 采访他人对该单元内容的认识和理解，整理成的文字和影像资料；③ 自己对该单元内容认识和感想，1 500 字左右；④ 与该单元内容相关的个人才艺展示作品（音频、视频、图像、文字均可）。教师将定期组织一次档案袋展览，并计入总评成绩。

档案袋中不仅有学生的最终作品与个人心得，还有学生学习时的过程性材料。之所以将这些材料纳入评价范围，其原因是艺术创作理念并不像其他学科那样显而易见，需要评委老师通过观察学生学习过程来评估其艺术造诣。因此，档案袋中的过程性内容成为学生内部评价的重要参考资料，对学生最终得分发挥着重要影响。

教师依据评分标准对学生档案袋中的作品进行评分，考查内容主要集中在学生的艺术理解（艺术研究报告）和艺术表达（档案袋作品与过程性内容）。

二、混合评价模式

混合评价是对多元评价各个模块的整合，聚合每个评价模块形成整体，使评价整体的作用大于部分之和。用教育目标凝聚内部评价与外部评价，使两种评价方向一致，避免因评价标准的矛盾导致学生浪费时间与精力。混合过程性与总结性评价可以将学习情境与评价情境相统一，让学生自始至终为自己的学习目标而努力。

（一）以目标为导向——以语言与文学为例

L－IBDP 课程内部评价注重描述学生学习过程、反馈学习问题、为学习方向提供指引，让学生自主把控学习进度并根据教学目标做出及时的自我调整。外部评价则注重考查学生对学科知识和技能的掌握,展现个人对学科内容的理解与价值判断,以评价学生是否达到教学目标的要求,两者皆围绕着教学目标设置。内部评价与外部评价如何围绕教育目标设置,做到评价的一致性是需要解决的问题。

L - IBDP 课程的评价目标通常聚焦于应用、分析、评价、创造等高阶思维,以语言与文学为例,其目标有以下 8 条:

(1)品读来自不同媒介及形式的,出自不同时期、风格及文化的各类文本;

(2)培养听、说、读、写、视看、演示和表演技能;

(3)培养诠释、分析和评价技能;

(4)培养对文本质量的敏感度,并了解它们如何让人们产生不同的感受;

(5)提升对文本与各种观点、文化背景以及地区性和全球性问题之间的关系的理解,并欣赏它们是如何让人们产生不同的感受和理解的;

(6)发展对语言与文学研究和其他学科之间关系的理解;

(7)以自信并富有创造力的方式进行交流与合作;

(8)培养对语言和文学的终生兴趣,并能享受其中。①

评价目标聚焦于对文学欣赏、分析、评价等高阶思维能力的培养,无论在内部评价还是外部评价中,考察内容多以非结构性的开放性试题为主。针对开放性试题 L - IBDP 课程采用的是"要素分析性评定方法——PTA 量表法"。"PTA 量表法"是美国教师沃尔费得与安迪生及其同事开发的一种针对学生作业,尤其是开放

---

① 张红霞.IB 中文语言 A 文学课程评估述评[D].上海:上海师范大学,2019.

性作业的评分工具,①是一种用来评价学生一种表现或者若干综合表现的评分方法,PTA 评价设计通常分三步:第一步,确定可能对评价起重要作用的要素;第二步,编制测试学生每一个要素的评价量表,为每一个要素编制 2~5 个水平测试题;第三步,以评价量表来评价学生的表现。② 同样以语言与文学课程为例,通过 PTA 解构教育目标,将学科评价分解为"对选文的理解与诠释""对选文技巧风格等内容的分析与评价""表达的重点与组织结构"和"规范语言的运用"四个基本要素,其中"对选文的理解与诠释"对应教学目标(4)(5)(6),"对选文技巧风格等内容的分析与评价"对应教学目标(1)(3),"表达的重点与组织结构"对应教学目标(7),"规范语言的运用"对应教学目标(2),语言 A 通过从教学目标中拆解的四个基本要素统一了内外两种评价形式(见表 6-1)。

表 6-1 语言与文学内部评价与外部评价模块③

语言 A	外 部 评 价		内 部 评 价	
标准类别	卷 1	卷 2	文学作业	口 试
A	理解与诠释	知识、理解与诠释	知识、理解与诠释	知识、理解与诠释
B	分析与评价	分析与评价	分析与评价	分析与评价
C	重点和组织	重点和组织	重点、组织与展开	重点和组织
D	规范语言	规范语言	规范语言	规范语言

① 高凌飚.普通高中新课程模块学业评价[M].北京:高等教育出版社,2005.
② 潘华青.基于 PTA 量表法的表现性评价在实验课中的有效运用[J].中学物理教学参考,2014,43(12):23-24.
③ 张红霞.IB 中文语言 A 文学课程评估述评[D].上海:上海师范大学,2019.

（二）过程性评价与总结性评价相互支持

总结性评价通常用于确定学生在一门课程结束时的成绩水平，而过程性评价则用于确定学生的学习需求并构成学习过程本身。虽然两者职能不同，但过程性评价和总结性评价并非相互排斥而是相互作用、相互支持的。这一点在 L－IBDP 课程的内部评价中得以体现，教师对学生提交的最终作品进行总结性评价，在日常教学中通过过程性评价帮助学生成长，才能使学生在内部评价中取得较好成绩。

过程性评价的主要目的是提供学生学业优势和劣势的详细反馈，助力学生发展。在过程性评价中，教师是学习的支持者而不是主管，应该利用评估任务和评估工具引导学生在"最近发展区"学习。总结性评价的主要目的是提供有关学生学习成绩的信息，认证和筛选学生。总结性评价标准往往是过程性评价的参照，代表着教学目标与教学方向。

L－IBDP 课程教学过程中学校的教学管理对过程性评价与总结性评价进行了融合。教师在每学期的教学计划中列出内部评价安排，一般从第一学年开始，每隔数周进行一次模拟正式考试的过程性评价，这样学生在正式内部评价前有数次模拟练习机会，为最终的总结性评价打下基础。

第三节　保驾护航，加强保障与监管

仅有科学的评价理论与多样化的评价方式仍难以保障评价的客观性与有效性。客观公正评价的关键依旧是对评价对象的筛选、培养、管理与监督，专业的评价团队、完善的监督机制、有效的信息反馈才能保障评价体系的健康运行。

一、提升评价人员的专业性

高阶思维养成是 L-IBDP 课程评价的重点，但不容易被分解成具体的标准，解构成分数。同一道开放性问题不同学生可能给出不一样的答案，但又同样正确有效，因此指定评估标准通常不可能准确地标记每项答案的得分点，即使在数学和科学等确实具备可以明确部分得分点的学科领域中也不可能完全限定学生的回答，例如画出一个特定有机物的异构体，类似题目难以给出严格的标准答案，这就要求评审在评判时必须能准确识别学生的有效回答，因此专业性是选拔评审人员的重要因素。在一些理科考试中，学生可能出现计算错误，评审员需要评判解题的中间步骤与计算过程，若步骤准确则给予过程分，这同样对评审人员的专业性有着较高要求。

在外部评价方面，IBO 在世界各地均有指定考官，根据经验、声望、年限等标准，考官分为三个级别：首席审查员、高级审查员和助理审查员，[①]他们共同决定着考生试卷评分的可靠性与公正性。首席审查员通常来自高等教育领域，且在国际上具有较高声望，每个学科都会任命一名首席审查员，负责组织高级审查员开展工作。首席审查员负责各个学科的试卷的整体设计，并联合高级审查员根据学科大纲和培养目标制订评分标准和细节指标，设计具体试题，确定各题分数的分布。助理审查员主要承担阅卷工作，为了保障专业性，IBO 挑选助理审查员会按照一定流程：① 教学经验丰富的教师作为新任审查员备选人员，通过教师对学科大纲、培养目标、评分标准等内容的熟悉度进行初步筛选。② 向新任审

---

① IBO. Diploma programme assessment priciples and practice[R]. Switzerland: Geneva，2004.

查员发放详细的评分指导文件,组织线上评分指导培训,定期召开评分交流会议,回答各国审查员的评分问题。③ 向新审查员寄发他负责学科的试卷样本,新任审查员进行试判。试卷样本事先经过高级审查员评判,如新任审查员与高级审查员的评判存在较大差异,将会不予任命或解聘。①

学校不定期邀请 IBO 评审专家团队来校开设教师论坛,了解 IBO 最新的教育理论与思想,使得上海交通大学附属中学的教师紧跟国际教育步伐,开阔国际视野,并将之与我国教育理念和本校教育实践相结合,形成本土化的适宜本校学生的课程评价体系。

在内部评价方面,学校任课教师负责组织内部评价,为降低误差,提高内部评价的信度,需要加强教师培训,为教师提供具体的技术和实践指导。只有任课教师充分理解评价的基本要求、本质特点,才能在实践中科学、合理地评价。上海交通大学附属中学通过以下途径保障教师评价的专业性:① 开办教师培训工作室,为教师编写可操作的评价指南,总结可供借鉴的经典案例,发展与内部评价相适应的专业化评价理论,积极组织大量评价实践工作,研究重点问题;② 定期组织专业会议,为教师提供与专业人士及其他教师进行互动式研讨的机会;③ 建立"在线课程中心",方便教师充分利用网络资源,在线进行专业问题讨论,获取有关课程评价的专业指导资料;④ 组织教师定期回顾 IBO 出版的材料;⑤ 鼓励教师参与 IBO 组织的与学生评价相关的各项活动,例如评价回顾和反思,收集学生作品样本等;⑥ 鼓励教师申请成为 IBDP 认证审查员,更好地提高自身的评价技能,参与完善内部评价,并负责评价外部评价试卷或给学生的论文打分。②

---

① 金添. 国际文凭项目学生评价研究[D].北京: 北京师范大学,2008.
② 金添.国际文凭项目学生评价研究[D].北京: 北京师范大学,2008.

上海交通大学附属中学鼓励教师扩宽国际视野，进行专业发展，鼓励教师积极参加 IBO 组织的教师培训，还组织了 L-IBDP 课程评价校本培训，希望通过校本培训帮助任课教师取得外部评审员资质，深入理解 IBDP 课程的教学理念，与其他 IBDP 教师连接，从而获得最新信息，形成自身的教育视角。

二、加强课程评价外部监控

L-IBDP 课程学校任课教师负责组织内部评价，具有给学生作业评分的权利，学校和 IBO 对内部评价进行监督，并调整内部评价中出现的偏差。

内部评价首先由学校教师根据评分细则打分，之后助理审查员抽查，再将部分样本递交给高级审查员进行审核。IBO 根据考生分数情况，随机抽取样本（少于 20 人取 4 个样本，20～40 人取 8 个样本，按比例递增）。[1] 学校把被抽到学生的作品寄给审查员，审查员根据评分标准为每份作业再次打分，参考原来教师的评分调整学生分数，上报高级评审员评审，最终确定内部评价的分数。

在外部评价中，首席审查员负责设计和制订试卷，助理审查员将试卷最初的评分样本递交给经验丰富的高级审查员，高级审查员对样本进行审查，判断所给出的成绩是否合理。通常，每位高级审查员带领 10 位助理审查员工作，并抽样核查每位助理审查员的试卷打分情况，抽查数量大约为试卷总数的 15%。[2]

---

① 谢益民.国际文凭项目的学业评价特点及启示[J].外国中小学教育，2007(8)：41-43+40.

② 金添. 国际文凭项目学生评价研究[D].北京：北京师范大学，2008.

三、完善评价信息反馈机制

信息反馈畅通也是评价可靠性的保障之一。L‒IBDP课程评价体系包括信息通畅的反馈机制,IBO考试后,学校会收到包含所有参与项目学生的成绩及国际平均分的学科报告,从中既可以知道世界学生的水平也可以分析本学校学生的水平。[①] 此外,每位教师会得到学科审查员的手写报告,报告中会详细阐述该校教师和学生的表现情况,并对如何提高教学质量给出建议。虽然审查员与教师遵循相同的评分标准,但对标准的理解可能存在分歧,这种情况下通常以外部监控为准,以统一各校评分尺度,因此审查员的反馈对内部评价具有指导作用。任课教师在考试24小时后可获得考题,IBO鼓励教师对考卷做出评估,并针对诸如"外部评价试题难易是否适当"等问题填写教师意见反馈表。[②] 如果教师或学生本人对分数有疑问,可复查试卷。

第四节　知难而进,追求价值与挑战

上海交通大学附属中学持续关注L‒IBDP课程评价的价值与在未来需要克服的挑战,一方面发现、吸收L‒IBDP课程评价的优势,可以为平行班课程改革提供思路与经验;另一方面认识到L‒IBDP课程评价的不足与局限,寻求相应的方法进行弥补,不断完善L‒IBDP课程评价机制,更能发挥课程评价客观反映学生学情,促进学生学习的功能。

---

① 金添.国际文凭项目学生评价研究[D].北京:北京师范大学,2008.
② 金添.国际文凭项目学生评价研究[D].北京:北京师范大学,2008.

一、评价的价值

L－IBDP课程评价并非止步于评估学习成果,还为学生自主学习提供了的空间,进一步拓宽了评价的功能,为培养学生核心素养提供新思路。

（一）为学生个性化学习提供支撑

在传统课堂上,教师按照课程设计进行授课,学生按照自己的理解吸收知识,两者之间缺少有效的互动与沟通。教师往往通过课后作业、小测试等间接手段了解学生的学业问题,并且少有机会对学生进行个别指导,即使将水平相似的学生集中在一起,进行"培优"或"扶困"教学,对于每一位学生而言依然缺少针对性。L－IBDP课程内部评价中,学生在课堂中展示自己的作品并接受教师的现场评价,这提供了教师与学生在课堂中直接互动的机会,使得教师能够精准把握学生学情,并对学生作品中存在的问题进行个别化指导。此外,L－IBDP课程中周期较长的作业项目需要学生主动寻求教师的个别指导,在辅导过程中,教师可以根据学生的个人特点与实际水平进行有针对性的教学。

在传统授受式课堂中,课堂教学内容信息量大、学科逻辑完整且清晰,学生自主发挥的空间较少,往往只能如海绵般吸收教师传授的知识,并依靠反复刷题使得自己对知识点的理解贴近课程大纲或考试要求。在这种学习模式下,学生缺少对知识的自主探索与解读,不利于养成自主学习的能力与习惯,例如在语言学习过程中,学生由于对文章内容知识点的解读不足,难以准确找到自身知识体系的漏洞,在寻求提高时往往通过背诵或反复刷题等相对低效的方式提升自身的文学素养,这不仅大大降低了学习效率,更可能损害学生对该学科的学习兴趣与动力。

在 L－IBDP 课程评价体系中,要求教师为学生解读学科大纲,帮助学生明确学习目标与标准,指导学生在自主学习的过程中自我监督、自我调整,以便学生在遇到学业问题时能发现自身不足之处并及时寻求帮助,自学时也更有目的性,能够自我调整,自主学习。L－IBDP 课程评价的另一个特点是考核内容具有开放性,这意味着学生在学习学科知识时具有一定的选择权,内部评价中学生可以对自己感兴趣的知识或主题深入研究并形成报告或论文,外部评价中只要答题符合形式要求,即使不同学生答题内容存在较大差异也能得分,学生可以根据自己的知识体系开放性地回答问题,这给予了学生更多的学习自主权,学生在完成作品或答题时可以融入更多自己的理解与思考。

(二) 为培养学生核心素养提供参考

2014 年教育部研制印发的《关于全面深化课程改革落实立德树人根本任务的意见》,提出"教育部将组织研究提出各学段学生发展核心素养体系,明确学生应具备的适应终身发展和社会发展需要的必备品格和关键能力"。[1]《中国学生发展核心素养》明确提出了三个方面、六种不同的核心素养,分别是文化基础、自主发展、社会参与三个方面,以及人文底蕴、科学精神、学会学习、健康生活、责任担当、实践创新六种核心素养。[2] IBDP 的课程设置与六种核心素养有一定对应关系,社会与人文、语言与文化、艺术与欣赏三大课

---

① 中华人民共和国教育部.关于全面深化课程改革落实立德树人根本任务的意见[EB/OL]. http://www. moe. gov. cn/srcsite/A26/jcj＿kcjcgh/201404/t20140408＿167226.html,2014.

② 核心素养研究课题组.中国学生发展核心素养[J].中国教育学刊,2016(10):1－3.

程领域对应人文底蕴,数学与逻辑、科学与技术两大课程领域对应
科学精神,科技理工素养课程领域和课题式综合学习与实践对应
科学精神,体育与健康、生涯发展规划、创新活动服务对应健康生
活和责任担当,穿插在所有课程的教学目标中。因为 L-IBDP 课
程的培养目标与核心素养具有较高契合度,所以 L-IBDP 课程的
评价标准及评价方式也可为评价学生核心素养水平提供参考。

(三) 为新课程评价机制设立提供思路

根据《国务院办公厅关于新时代推进普通高中育人方式改革
的指导意见》[1]《普通高中课程方案和课程标准 2020 年修改》要求,
进一步推进上海普通高中新课程新教材实施工作,提高学校教育
质量,落实高中育人方式改革。学校在设计新课程时主要有三个
方向: ① 推进跨学科学习;② 倡导大单元学习;③ 探索学生主讲
模式。[2] L-IBDP 的课程评价体系遵循这三个方向,以内容开放
的评价模式支撑跨学科的研究;针对不同学科的内部评价方式为
大单元学习提供支持,如田野调查;学生在课堂上展示内部评价作
业,教师与同学共同评价,帮助探索学生主讲模式。总的来说
L-IBDP 课程评价体系可以为新课程改革提供支持。

(四) 为学生评价分级提供新方法

在《关于普通高中学业水平考试的实施意见》中明确提到以等
级呈现成绩,一般分为五个等级,位次由高到低为 A、B、C、D、E。

① 中共中央国务院.关于新时代推进普通高中育人方式改革的指导意见[EB/OL].http://www.gov.cn/zhengce/content/2019-06/19/content_5401568.htm,2019.
② 中华人民共和国教育部.关于印发普通高中课程方案和语文等学科课程标准(2017 年版 2020 年修订)的通知[EB/OL]. http://www. moe. gov. cn/srcsite/A26/s8001/202006/t20200603_462199.html,2020.

原则上各省(区、市)各等级人数所占比例依次如下：A 等级 15％，B 等级 30％，C 等级 30％，D、E 等级共 25％。E 等级为不合格，具体比例由各省(区、市)根据基本教学质量要求和命题情况等确定。[①] 这样的分级制度采用了常模参照的方式对学生进行筛选，标准中暗含了限制优秀学生人数的设定，成绩最好的 15％学生为 A 级，大学招生录取也会参照这样的标准进行。在这样的评价模式下，部分学生极致追求高成绩，他们为击败其他同龄人而加倍地投入时间与精力，甚至猜题蒙题或揣摩评分教师的心理，使学习逐渐偏离学习知识。

L - IBDP 课程评价的评级设计无类似的人数设定，只要学生能够达到大纲要求的评分标准即可获得相应的学分等级，换言之，学生在学习过程中只需要关注自己是否达标即可，无须与其他同龄人比较成绩。

二、评价的挑战

L - IBDP 的课程评价机制对激发学生自主学习，培养学生高阶思维起到了支撑和引导作用。显然，这种评价机制会增加评审工作量且受制于评价者的主观判断，如何缩小教育目标与评价局限间的差距是 L - IBDP 课程评价面临的挑战。

(一) 过程性监督不完善

虽然 L - IBDP 课程内部评价对作品内容有着严格的评价标准与外部监控，但对于作品完成的中间环节缺少必要的监管，没有具备约束力的强制手段来确保作品的原创性、真实性，只是简单地

---

① 中华人民共和国教育部.关于普通高中学业水平考试的实施意见[EB/OL]. http://www.moe.gov.cn/srcsite/A06/s3732/201808/t20180807_344610.html,2014.

要求教师和学生签署一份真实性声明，这使得学校乃至 IBO 很难在外部监控中发现学生的抄袭作弊行为，如简单地将中文文献翻译成英文，这会对学生评价的准确性产生严重影响。因此，学校需要采取有效措施，加强对内容生产环节的监督，阻止和惩戒剽窃行为，弥补缺少过程性监管的漏洞。

（二）增加教师工作量

学生需要花费大量的课外时间寻找资料，构建、修整内容来完成内部评价设置的任务。教师也需要在课外时间，甚至是在节假日，为学生完成内部评价任务提供指导，不仅如此，教师还需要完成一系列辅助工作，为内部评价设计流程、安排课时，评价后撰写评语归入学生档案，提交 IBO。无论是教师还是学生都将花费比平行班更多的时间才能达到 L-IBDP 课程的要求，为缓解师生压力，学校为教师配备助教协助完成日常工作，提升教师工作效率，学校为学生配备了专门的心理教师与生涯导师，协助其完成学业，为学生健康发展保驾护航。

（三）评价者主观性影响大

L-IBDP 课程无论是内部评价还是外部评价，评价标准都是对形式要求严格而对内容要求相对宽松，这使得对学生作品内容的评价具有很大的主观性。在外部评价中，IBO 通过大量评价者的线上培训统一作品的评判标准，并提出了两点要求以减少主观性给分数带来的影响：① 同一份试卷的成绩不会因打分人的不同而改变；② 同一打分不因人在不同时间或地点打分而改变。[①] 但

---

① 金添. 国际文凭项目学生评价研究[D].北京：北京师范大学,2008.

是在内部评价中,几乎是以学校任课老师个人的评价结果为准,虽然有外部监督抽查机制,但抽查比例仅为 20％左右,任课教师内部评价的主观性影响依然很大。任课教师比外部监管人员更了解学生,也许可以给予更合理的评价,但这使得任课教师的主观性直接影响学生最终成绩,不利于评价结果的客观性与有效性。上海交通大学附属中学正在逐步建立"内部评价委员会",将学生的内部评价作品交给 2 名以上教师(包含任课教师)进行评分,保证不同教师评分的一致性,若教师间评分差异过大可移交"内部评价委员会"中的学科骨干教师评价,并给予最终评分。这样可以有效减轻教师个人主观性对评价结果的影响,给予学生更加公正客观的评价。

小结

L‑IBDP 课程的理论基础是以学生深度学习为中心进行建设与架构的,形成了良好的评价理念和完善的评价体系,不容忽视的是 L‑IBDP 课程评价体系依然具有局限性,需要学校不断完善。整体来说,L‑IBDP 课程评价体系已经超越了单纯的评价功能,对促进学生自主学习,培养学生批判思维做出了贡献,这展示出了学生评价的更多可能性,为教学评价改革提供了新思路,尤其是多元评价与混合多元评价的整体设计可以为平行班提供参考。

第七章

课程支持：L－IBDP 课程的运行机制

L－IBDP 课程通过内在机制保障自我运行。选课制与学分制在学生个性化的学习需求与学校丰富的课程资源间架起桥梁，以便学生有条件依据兴趣选择课程；生涯导师制可协助学生完成升学、职业、生活及终生发展等方面的个人规划，以便学生基于明晰的人生方向正确选择课程；项目制提供了实践探究的契机和空间，以便学生在解决问题的过程中获得真实成长。

第一节　选课制：尊重个性，
助力多样发展

选课制是学生按照一定要求与手续修习选修课的一种教学管理制度。[①] L－IBDP 课程的选课制允许学生根据兴趣和能力在划定范围内自主选择学科和修习难度，选课制使得学生上课班级不固定，形成了走班上课的模式，因此也称为选课走班制。选课制蕴含"自主发展、相互激发"的理念，能够拓展学习空间，以便学生接

---

① 张焕庭,李放,张燕镜,等.教育辞典[M].南京：江苏教育出版社,1989：5.

触到更广泛的社交群体，帮助学生满足个人学习需求、实现个性发展。

一、基本内容

L-IBDP课程包含三大核心课程和六个学科领域。与国家课程方案一致，语言与文学、数学与逻辑、体育与健康等作为必修课，学生在社会与人文、科学与技术、艺术与欣赏三个学科领域中各选一门课进行学习即可，如果不想选择艺术类的课程，只需要在社会与人文或科学与技术中多选一门课。学生需要在两年内完成以上必修课、选修课以及三大核心课程。

在高一，L-IBDP课程为所有学生准备了语文、数学、英语、物理、化学、生物、体育、商业经济等学科课程，另外还有班会课、社团课等活动拓展课程，均在固定教室授课，不采用走班形式，每周总课时为42。高一课程是学生进入高二的预备课程，帮助学生熟悉L-IBDP课程的教育模式，初步了解之后所要选修的学科，在此基础上，学生可以综合考虑自身兴趣、知识背景、发展倾向等，做出更客观、更明确的选课决定。

进入高二，学校会举办学科介绍会，请任课教师与IBO外派专员介绍各个学科的内容与前景，同时为学生提供选课咨询服务，学生可以依据自身情况和对学科的详细了解完成选课。选课后如在实际学习体验中感到困难或不符合预期，学生可从班主任处领取学科更变申请表，按照要求提交申请，待收到关于专业变更的正式通知后，即可进行学科变更。[①] 由于学科变更可能会对学校排课、学生成绩产生影响，所以理论上学生变更学科的申请需要在正

① 周泠仪.IBDP课程200问[M].上海：上海科学技术出版社，2018.

式开始上课后三周内提交,若申报超过时限,将不再予以受理。

正式开启学习后,L－IBDP 课程采取固定班级加走班的混合制模式,首先根据学生选择的必修课水平划分固定班级,再根据每个学生选修课程的情况采用分层走班的教学模式,学生上午在固定班级中学习必修课程,下午则依照个人课表学习选修课程。学校开放 15 间教室作为走班教学场地,包括普通教室 10 间,实验室 2 间,音乐教室 1 间,艺术教室 1 间,戏剧教室 1 间。为满足学生多样化的学习需求,学校还根据选课情况为学生编制个性化学习课程表,做到一人一表,形成差异化教学。

二、主要功能

选课制是用于衔接学生个人兴趣与学校课程资源的教学机制,能够满足学生的个性化学习需求,打通班与班之间的人际壁垒,拓宽学生的社交空间,提高教学资源利用率。

(一) 推进学生个性化学习

青春期是自我意识发展的第二个飞跃期,是自我意识高涨,开始思考人生道路的重要时期。[1] 高中阶段是人生发展的关键期,探索感兴趣的学科,规划未来职业方向,明确人生发展目标是该阶段的重要课题。然而传统的固定行政班上课制度中的课程完全由学校安排设置,容易忽视学生发展的个性化需求,导致许多学生直到进入大学仍然未能找到自己的人生方向。

选课制最直观的特点是每位学生都拥有一张个性化课表,学生在规划学习内容时不再是被动的。这种选课、上课的方式发挥

---

[1]　林崇德.发展心理学(第二版)[M].北京：人民教育出版社,2009.

了学生的主动性,也满足了学生的个性化学习需求,有助于提高学习热情,激发学生学习的主动性和积极性。可以说,选课走班制给了学生一个可以根据自身兴趣与人生规划而选择知识与技能学习的机会,这样的选择可以激发学习兴趣,明晰人生目标,强化学生主动学习的动力和独立发展的自信。

选课制的另一大特点是学生根据个性化课表走班学习,教师在固定教室进行教学活动,教师可以根据学生的差异性(知识和能力)和自身授课风格等要素提前布置教室环境。例如开展项目化教学前,教师可以通过提前设置问题墙、搭建教学模型、摆放特定教具等,方便学生与周围人组成小组并进行合作讨论,这样既可以提升教学实施的效率,也有利于教师发挥更多的教学特长。

(二) 满足学生的社交需求

对于青少年来说朋友是重要的外部支持,同伴之间的社交活动可以有效排解青春期的孤独、焦虑等负面情绪。在繁重的学习压力下,有志同道合的伙伴一起奋斗,相互扶持,相互激励,可以消解负面情绪,有利于学生身心健康发展。相较于传统的固定行政班上课制度,选课走班制可以让学生接触到更多同伴。不仅如此,选课走班制还具备另一项天然优势,基于相同选课决定而成为同学的人往往有着相似的兴趣和学科偏好,他们更容易找到共同话题,形成合作关系进而发展出长期友谊。

(三) 提升教学资源利用率

实施选课走班制能够大大提高学校教室利用率,使教室安排更加科学化。在上课教室固定的情况下,教师进行实验演示需要事前将器材搬到上课教室,耗时费力。一些本身就具有危险性或者需要使用危险性器材的实验,对安全防护措施要求较高,但普通教室通常并不具备这样的防护条件,学生需要到专门实验室中学习。在固定班级授课制下,一方面学生自己动手操作实验的机会不多;另一方面学校实验室利用率不高,浪费了实验教室的优质资源。在 L-IBDP 课程的选课走班制中,实验室是物理、化学等学科的上课教室,学生可以在学习理论知识的同时亲身体验实验操作。不仅能够加深学生对实验知识的理解,还能帮助学生了解实验规范与操作,提升科学素养。

三、今后展望

2014 年 12 月公布的《关于普通高中学业水平考试的实施意见》明确提出改革考试科目设置,考生总成绩由统一高考的语文、数学、外语 3 门科目成绩和高中学业水平考试 3 门科目成绩组成,计入总成绩的高中学业水平考试科目,由考生根据报考高校要求和自身特长,在思想政治、历史、地理、物理、化学、生物等科目中自主选择。它标志着新高考新课程改革的启动,也预示着文理分科考试的终结。改革产生的"六选三"考试模式将产生 20 种不同的排列组合,每位学生可以根据自身的优势、兴趣选择考试科目。[①]传统固定行政班的上课制度可能难以满足这种自由选课的课程安排需要,一种更具灵活性、更加切合新课程改革要求的制度也呼之欲出,这就是选课走班制。

虽然上海交通大学附属中学早已有了兴趣拓展课程走班的传统,但要满足新课程设置需求显然需要覆盖面更广、实施运行更加常态化的机制来帮助学校进行课堂模式的改革。L-IBDP 课程的

---

① 中华人民共和国教育部.关于普通高中学业水平考试的实施意见[EB/OL].
http://www.moe.gov.cn/srcsite/A06/s3732/201808/t20180807_344610.html,2014.

选课走班制为这项改革提供了很好的参考,为日后在平行班学生中实施常态化的走班制提供了经验。对于这种变化学校仍然需要警惕,做好应对以下问题的准备:

第一,任课教师工作量增加。原先固定行政班的模式下,任课教师通常管理1~2个班级的学科教学工作,由于班级固定、学生固定,教师可以精准把握学生学情。但若变成学生流动教师固定的模式,一名任课教师教授的学生数量和授课课时可能产生波动,这对教师的班级管理与教学提出了新的挑战。

第二,需要寻找德育新途径。因为选课走班制让学生大量流动,学生对"班级"的认同感可能下降,传统以班集体为单位的德育活动效果会受到影响,如制作黑板报、班级团体活动等。学校需要针对这种可能发生的情况开发德育新途径,争取做到德育差异化、教学个性化培养。

第三,家长和学生需要适应期。因为选课走班制与原先固定行政班授课制的差异较大,家长和学生需要适应准备期。首先,家长可能不理解课程安排的缘由,担心对孩子产生负面影响。其次,学生可能需要一段时间来适应走班学习,尝试融入不同群体。这需要适应期和过渡期,学校需要召开说明会以消除家长的疑虑,并安排相关指导课程帮助学生逐渐适应这种授课方式。

总体来说,选课走班制是高中新课程改革的一种方向,但实践过程中依然存在诸多问题,需要进一步探索研究加以克服。

第二节　学分制:护长容短,提升核心素养

学分是在学校教育中用于计算学生学习量的一种计量单位,

学生完成学业要求的课程时间，并通过评测得到一定的学科成绩，即可获得学分。学分制往往作为选课走班制的配套制度出现，用于衡量选修不同学科学生的学习量，是为满足学校差异化教学和学生个性化发展而采用的制度，能够在允许学生个性化发展的同时保障学生学习质量。

一、基本内容

L‑IBDP课程的学分参考IBDP课程设置，采用等级记分法，根据学生各个考试科目的总分进行等级划分，每门满分7分，即1～7个等级分（1分最低，7分最高），6个科目共计42分，创意、活动、服务的评价等级为A、B、C、D、E，A等级可获得附加分3，且在规定时间完成生涯发展规划的各项内容，即可获45分。在IBDP课程体系中只要总分达到24分，就可以获得国际文凭，总分38分以上，便可以申请进入世界名牌大学。[①]

L‑IBDP课程学习了IBO对不同学科学分水平的描述，在描述中明确体现出学分的等级划分与课程目的密切联系。下面以科学与技术门类下7分、4分和1分的评分描述为例进行简要说明。

7分：表现优异。具备教学大纲所要求的综合知识，完全掌握概念和原理，能在众多不同的情景中选择、应用相关知识；全面分析和评估数据；详细解释复杂象，并做出适当预测；熟练解决大部分定量、定性问题；逻辑性地表述、准确地使用恰当的术语和规则；具有远见和独创性，以一贯的态度在大量不同的调查活动中表现个人技能、毅力和责任感；在团队工作中表现较好，在大范围的调查技巧方面表现出很强的能力，非常注重安全，完全有能力独立工作。

---

① 谢益民.国际文凭项目的学业评价特点及启示[J].外国中小学教育，2007(8)：41‑43+40.

4 分：表现满意。具备教学大纲所要求的知识,但有些不足;能较好地掌握大多数概念和原理,但应用能力有限;有一定的定量和定性数据分析和评估能力,能解决基本的和日常的问题,但处理新、难情景的能力有限;能够表述,但应答缺乏条理,包括一些重复和不相关的材料;在一些调查活动中表现个人技能、坚韧和责任感,虽然有时不能始终如一;在团队中能合作,能关注环境影响;在一定范围的调查技巧方面表现出一定的能力,较注重安全,虽然需要一些监督。

1 分：表现很差。只记忆零散的知识,几乎不理解概念和原理;在调查活动中难以表现个人技能、毅力和责任感;无法在团队工作,或关注环境影响;在调查技巧方面表现出极差的能力,不注重安全,需要不断监督。[1]

可以看出课程通过 7 个等级概括了学生在学习 L - IBDP 课程期间内部评价与外部评价的综合结果。每个学科会根据内部评价与外部评价进行加权求和,换算成百分制的分数,然后再依据每年的考试难度对成绩进行不同学分等级的划分(见表 7 - 1)。

表 7 - 1 IB 学科课程评价等级表及分数转换[2]　　　　单位：分

分数等级	等级意义	2011/5/1	2011/11/1	2012/5/1
7	优秀	80～100	83～100	83～100
6	很好	69～79	69～82	72～82
5	好	60～68	57～68	62～71
4	满意	49～59	47～56	51～61

① 程可拉,邓妍妍.美国国际文凭项目述评[J].外国教育研究,2006(7)：41 - 44＋63.
② 徐鹏.IB 国际课程研究[D].上海：上海师范大学,2015.

(续表)

分数等级	等级意义	2011/5/1	2011/11/1	2012/5/1
3	一般	36～48	31～46	38～50
2	较差	17～35	15～30	19～37
1	差	0～16	0～14	0～18

二、主要功能

学分制作为选课制的配套机制，是为了评价学生学习量而设计的量化标准，是学校用于衡量教学成效的重要依据。L–IBDP课程的学分制不仅具有度量功能，更彰显了对学生学习不足的包容性。

(一) 支撑选课制的实践运行

自威廉·冯·洪堡提出"大学自治""学术自由"的思想，第二次大学改革运动开始逐步将"选课自由"的思想引入教育模式改革中，1871年哈佛大学正式将选课制与学分制作为基本教学管理制度。[①] 因为学分制能够计量学生选修不同学科的学习量，为不同专业学生学习质量提供保障，所以学分制与选课制始终是相伴相生的，学分制是落实选课制的重要配套制度。

(二) 给予学生"犯错空间"

学分制评价一定程度上允许学生"不完美"。教学的目的是使学生掌握学科知识、培养相应的能力、提升核心素养，而不是一味地实现考试答案十全十美，过于苛刻的评分要求可能会导致学生

---

① 王德波. 高校学分制比较研究及其启示[D].济南：山东大学,2014.

为了提高最后几分而付出大量的精力。在这种情况下,学生学习效率降低,学生学习重点容易从掌握知识、培养能力转移到应对考试题型、猜测考官偏好,致使学生学习变得舍本逐末、事倍功半。通过表 7-1 可见,即使学科获得 7 分满分的好成绩,在实际百分制成绩中也仅需达到 83 分。这给了学生一定的"犯错空间",避免学生为了追求细枝末节而过度努力。

三、今后展望

《上海市教育委员会关于印发上海市中小学 2020 学年度课程计划及其说明的通知》(下称《通知》)倡导学校改革教学组织形式,实行学分管理,通过学分反映学生学习经历。随着"六选三"的新高考模式逐渐开展,学校开始对学分制进行探索研究。IBDP 课程的学分制更接近不完全学分制,在学习时间与毕业时间上存在着明显的限制,而《通知》中所提到的学分则更接近学年学分制,在高中年限不变的情况下为必修的基础型课程、研究型课程和选修的拓展型课程提供统计学习量的标准。[①] 在这方面 IBDP 课程对学分的等级划分与明确的描述内容可以作为订立学分的参考资料,但实际运行模式与记分方法则需要根据国家课程方案要求进行调整。若要在平行班推广实行学分制可能会遇到以下问题:

第一,缺少评价机制之间的换算标准。传统教育通常以平时成绩、期中成绩、期末成绩的加权分数评价学生,关注学生对学科知识的掌握情况。L-IBDP 课程的学分制则更注重学生的综合学

---

① 上海市教育委员会.上海市中小学 2020 学年度课程计划及其说明[EB/OL]. http://edu.sh.gov.cn/xxgk_jyyw_jcjy_2/20200825/b4467c88e57f463a9e11ec6603fc4d06. html,2020.

习能力,不仅考查学生对学科知识的掌握程度,还对学生的课堂表现与个人创作进行评价。在平行班中推行学分制还需要进一步探索和研究适切的转换机制。

第二,配套机制需要完善。学分制能够给予学生自主选择学习内容的权利以及个性发展的空间,但学生可能会在选课前错误预估自己对某个学科的热情与学习能力,选课之后需要变更学科或很难完成学科的教学目标,这意味着学校需要实施变更选修课程与重修学科的配套机制,同时考虑这些机制对学校正常教学的额外影响。

第三,与学生个人课程紧密相连。因学生课程选择不同,学习内容与目标也不同,学生成绩之间的可比性降低,学生学习成果不能再按照成绩做简单比较,这就需要学校重新调整传统模式下的年级排名与学生等第的划分。

第三节　导师制：谋而后动, 指引未来方向

生涯导师制是指教师从学生的生涯发展特点和需求出发,引导学生更好地认识自我,探索外部,帮助学生做出合适的选择并为之不断努力的个别化生涯辅导方式。[①] 在生涯导师的帮助下,学生将获得品德、学习、生活、心理、升学等方面的引导。

一、基本内容

丰富的课程设计给予了学生更广阔的发展空间,也让学生面

---

① 陈宛玉.高中生涯导师制:是什么,做什么,怎么做[J].中小学心理健康教育,2018(27):23-25.

临更为复杂的选择,因此,学生需要专业的指导。生涯导师制是为指导学生探明人生道路,培养终身学习习惯而设置的学辅机制。生涯导师为学生提供学业、生活、心理等方面的辅导,帮助学生明确自身的兴趣与需求,认识自己的优势与不足,最终找到适合自己的大学与专业。

(一) 生涯导师的主要作用

上海交通大学附属中学从 2002 年开始探索生涯教育,2009年初步完成生涯教育系统研究与体系建构。目前校内已形成生涯规划课程,编制校本生涯规划教材,设计生涯实践系列活动,开设生涯体验基地,开发"学生生涯发展自主规划"测评体系与指导系统,并不断在实践中完善。每一位学生均配有生涯导师,一方面生涯导师能够在心理、品德、行为规范等方面为学生提供个性化的辅导,帮助学生应对不同教学模式与评价方式引发的各种问题,例如因选课方式变化产生的适应性问题、因选课走班制产生的同侪交往问题等;另一方面,生涯导师能够为学生提供恰当的升学辅导,学生需要掌握高考志愿填报的基本原则和注意事项,对于有出国留学意愿的学生来说,修完 L-IBDP 课程能够帮助他们获得被上百个国家、千余所大学认可的 IBDP 文凭,学生在申报国外大学时可选择的范围非常广泛。不管是高考志愿填报还是出国留学,要想找到与自身意愿和能力相匹配的大学和专业,明确升学目标,学生都要准确了解大学及专业的情况,需要专业的升学推荐与指导。

总之,生涯导师主要为学生提供两方面的帮助,其一是学校生活方面,包括学生的学业、生活、心理、品德等;其二是学生未来升学与发展方面,协助学生发现自身的兴趣与优势,选择适合自己的大学与专业。

(二) 生涯导师制的具体流程

高一入学第一周,新生会收到导师的相关资料及介绍,学生可以在课后到办公室与生涯导师进行面对面的沟通与了解,在一周后的班会上,导师与学生共同签订结对契约,导师承诺给予学生专业的生活与发展指导,学生承诺准时参加导师面询,并如实反馈自己的学业生活情况。

结对契约生效期间,学生需定期向生涯导师反馈自己在学习、生活中遇到的问题,并至少每月与导师会面一次,学生会依据会面讨论的学业、生活、心理、升学等问题进行总结反思并提交反馈报告。学生积极参与升学指导或其他集体活动,每学期撰写一次关于生涯规划与学业生活的总结,在毕业前共需完成两份总结:① 回顾高中三年的学习生活、自己的独特学习方法以及学习感悟;② 自身的升学之路(包括高校申报与综合面试经验)。

二、主要功能

生涯导师为学生提供生活指导、升学指导、健康管理等服务,帮助学生培养良好的学习习惯,树立正确的价值观,明确人生目的与发展方向。

(一) 助力学生健康发展

生涯导师会根据年级制订不同教育目标与辅导内容,工作重心与学生所处的阶段和处境息息相关,在不同时期使用相应的方式实施指导(见表 7‐2)。

表7-2　高中各阶段生涯导师目标与内容

阶　段	阶段目标	内　容
高一生涯认知	适应生活	心理咨询
		生活指导
		健康管理
		发现特长
高二生涯体验	筹划发展	升学指导
		职业指导
高三生涯选择	准备未来	升学辅助
		心理辅导

高一是承上启下的一年,学生从初中进入高中,面对学习任务、角色和环境的巨大变化,即将开始学习 L-IBDP 第一阶段的预备课程,在高一后期还需要完成 L-IBDP 课程的选课。在学习任务方面,学生开始接触全新学科(如商业经济),其中包括多门全英文授课课程,学业任务加重,学习压力加大。在学习习惯方面,学生需要逐渐从被动吸收知识的海绵式学习向主动建构的学习转变,为正式开启 L-IBDP 课程所需的独立学习做准备,转变学习习惯对学生来说也是一种挑战。在学习环境方面,学生进入新集体、新环境,需要逐渐融入与适应,有意识地提升自身的交际能力,为之后走班制学习快速融入多个新集体做准备。为应对这三方面的问题,生涯导师会为高一新生提供心理咨询、生活指导和健康管理等方面的帮助,如通过 SCL-90 等专业心理量表监测学生的心理健康状况,向学生传授时间管理、人际交往等生活知识,帮助学生养成每天锻炼身体、早睡早起的良好生活习惯,三管齐下,协助学生适应高中阶段的新生活。除此之外生涯导师还通过 16PF 人

格问卷、MBIT 专业问卷帮助学生认识自身性格特点，并结合兴趣做出影响未来发展方向的选课决定。

　　高二阶段学生正式开启 L‐IBDP 课程学习，基于高一一年的准备，学生已经能够适应高中生活，即使高二 L‐IBDP 正式课程与高一预备课程存在差异，学生也可以较快适应。对于有出国留学意愿的学生来说，国外学校的大学申报季从 9 月就开启，意味着他们刚进入高三就要开始申报大学，因此帮助高二学生寻找并确定与自身水平相匹配的大学和专业是生涯导师辅导高二学生的重点，生涯导师会与学生深入探讨，协助学生根据学科特长、性格与职业兴趣测试结果找到适合自己的发展方向与专业，再依据高一与高二的学业成绩向学生提供推荐大学名单，为学生找到适合的升学方向提供参考。

　　高三阶段，对学生来说最重要的就是依照升学计划努力冲刺，争取进入理想的大学与专业就读，为逐步实现自己的职业理想而努力。生涯导师的工作重心分为两方面，一方面是回归心理咨询辅导，主要包括排解学生面对的来自升学、考试及他人期待等方面的压力；另一方面是帮助学生筹备升学所需的学业证明、推荐信等资料，梳理目标院校的申报要求，协助学生完成申报书的填写与提交，减少学生在准备升学资料上花费的时间与精力。

（二）完善德育结构体系

　　在选课走班制的模式下，原本的班集体概念被淡化，原先用于班集体的德育活动，效果受限。生涯导师制作为全程辅学制度，可以为德育提供支撑和补充。高中阶段，青少年正在经历向成人过渡的关键期，是心理和生理迅速成长和变化的时期，恰当的生涯发展教育不仅影响学生的高校选择和专业填报，还影响学生的自我概念以及未来规划。生涯导师制是一种对学生的人生发展、思想品德、心理建设等方面进行个性化指导的制度,生涯导师通过与学生稳定的结对关系,可以深入且具有针对性地指导学生形成富有理想信念的人生目标,培育学生的健全人格使其成为具备公民素质的社会人,帮助学生兼顾全面和个性发展。

生涯导师在为学生进行心理辅导与职业指导时需要遵循一些基本的德育思想。第一条是在工作中坚持以"立德树人"为本,着重培育学生的社会主义核心价值观;第二条是注重对学生家国情怀的培养,帮助学生树立正确的人生目标;第三条是以学生的发展特点、道德意识、道德判断为基础,循序渐进地进行个性化德育,逐步提高学生的道德修养。生涯导师不断将德育思想与工作相融合,在指导学生的过程中开展个性化的品德教育,是 L - IBDP 德育体系中的重要一环。

三、今后展望

《国家中长期教育改革和发展规划纲要(2010—2020 年)》明确指出普通高中学校教育要有发展的眼光,要求普通高中学校建立学生发展指导制度,加强对学生的学业、心理等多方面的指导,要求全面有效提高学生的综合素质。上海交通大学附属中学进行积极探索,开发了生涯指导相关课程,在心理、生活、健康、职业、升学等方面为学生提供指导,还在此基础上实践了生涯导师制,力争为学生提供更精细、更全面、更具针对性的综合指导。随着走班制的运行发展,与之配套的生涯导师制也将会在平行班中逐步扩散,生涯导师制可以成为走班制教学在德育方面的补充,还可以提供心理、学习与生活方面的信息与材料,为学生评价提供参考。但若全面推行生涯导师制将可能遇到以下的问题:

第一，生涯导师专业性高、工作量大，任课教师或班主任难以直接胜任。在专业性方面，生涯导师需要三方面的专业知识：心理专业知识、高校招生及专业情境的相关知识、国家对人才培养要求的相关知识，除了最后一类知识教师可以在学校培训体系中得到充分的学习外，另外两类知识仅靠学校提供的中短期培训是难以满足的，对此，学校可以直接聘请相关专业人才，形成生涯导师的专项培训，为专职教师提供长期的带教培训，逐渐形成专业的生涯导师团队。在工作量方面，生涯导师不仅要为辅导的学生提供心理咨询和职业规划的服务，还需要对他们的学习生活及升学状态进行观察、记录及评价，这需要花费大量的时间与精力，一般任课教师与班主任都有自己的本职工作，难以分出足够的时间和精力处理这些事务，因此生涯导师需要聘请专职教师担任。

第二，生涯导师评价存在困难。生涯导师既不像任课教师那样可以用学科成绩评估授课效果，又不像心理咨询老师那样可以用成功的咨询案例进行评估。生涯导师时刻陪伴在学生左右，为学生树立升学理想、发展核心素养添砖加瓦，但学生求学道路的成败受综合因素影响，很难具体估量生涯导师做出了多大的贡献。缺少恰当的评价体系，不仅辜负了生涯导师的努力与付出，也缺少对生涯导师的管理标准，目前采用的依靠学生反馈与总结对生涯导师进行评估的方法过于主观、缺少可靠性，因此对生涯导师的评价体系仍需继续探索。

第三，生涯导师缺少专门的制度约束。生涯导师为学生提供心理与职业发展咨询服务，在职业道德方面受伦理委员会的约束，但是生涯导师的辅学属于学校为学生发展提供的辅助教育服务，最初由学生自主选择导师进行结对，但生涯导师与心理或职业发展咨询导师不同，学生不能自由更换生涯导师。那么如何约束生涯导师尽责指导，真心诚意地帮助每一位负责的学生呢？这需要学校探索并建立相关制度对生涯导师的辅导行为进行一定的约束。

第四节　项目制：躬行实践，培养综合能力

L-IBDP 课程的项目制是指在部分学科教学与社团活动中以项目化学习的方式进行教学，让学生在解决真实问题的过程中学习，从而逐步实现学科目标的教学机制。项目化学习是指学习过程围绕某个真实问题展开，学生通过角色带入与小组合作的方式进行知识构建、探索创新，最终形成解决问题的方案，并从这个过程中获得较为完整和具体的知识，得到充分发展。

一、基本内容

L-IBDP 课程的项目化学习一般分为大项目与小项目。大项目是指以整个学科的学习活动或整个社团在高中阶段的全部活动为单位，以完成学科大作业或社团预设内容为目标的学习项目。大项目运行的过程中，教师会分阶段传授不同模块的知识，学生通过学习和实践练习提升技艺，最后在教师指导下综合应用所学习的知识完成作品。例如 L-IBDP 的核心课程"创意、活动、服务"这个大项目中，学生需要分别学习研究方法、论文撰写等内容，之后再综合应用知识完成拓展论文。小项目是指在课堂教育或社团活动中围绕某个主题开展项目化学习。小项目的实施相比大项目更灵活，教师利用真实情境、真实问题激发学生自主探索、构建知识的热情，通过引导、解惑、评价等方式帮助学生完善知识体系，形

成解决问题的方案。例如在生涯发展规划课程的技能实践课上，教师通过构建某公司需要为新产品发行设计广告方案的情境，让学生扮演广告设计师、广告文案创作者等角色，进行自主探索与内容创作，并通过小组合作的方式形成可行的推广方案，完成广告方案设计。

学科项目成果会记录在学生档案中，作为内部评价的重要参考，与学生的最终成绩挂钩。学校将向那些完成社团项目的学生颁发证书，并视学生表现，授予合格或优秀等不同等第的认证证书。这样一方面是为了给学生的社会实践经历提供证明；另一方面是为了激励学生认真对待社团活动，让社团成为培养学生综合能力的有效平台。

二、主要功能

项目制学习是一种探究式学习，由学习者自己把控学习进度与活动，学生可以在解决真实问题的过程中学习不同学科的知识，并锻炼自身的思考与探索能力。

（一）培养学生主动探究的能力

项目化学习是基于建构主义理论设计的。相对于传统教学观，建构主义更注重学生对知识的主动构建，更强调教学情境对学习的影响。教师在项目化学习中更多地扮演设计者、引导者与辅助者的角色，通过设计问题情境与驱动问题激发学生探索知识的兴趣与求知欲，引导学生自主思考与探索问题的解决方法，用提问的方式帮助学生弥补知识体系漏洞。学生成为知识构建的主导者，不仅需要收集解决问题的相关资料，还需要构建出成熟可行的解决问题的方案。项目化学习转变了师生的课堂角色，培养了学生主动探究知识的能力。

（二）为跨学科学习提供路径

建构主义学者斯皮罗对问题做了区分,他认为问题分为结构良好的问题与结构不良的问题,结构良好的问题是能够被良好定义且具有明确问题解决路径的问题,结构不良的问题就是定义模糊且缺少明确问题解决路径的问题。[①] 传统教育过度强调结构良好问题的解决,而忽略了结构不良问题的解决,而真实社会生活中存在大量结构不良的问题,应对解决这样的复杂问题需要有整合跨学科知识的综合性素质。项目化学习是围绕真实问题进行学习的,现实中的真实问题往往具有综合性,学生可以在项目化学习中扮演不同的"专业人士",开展跨学科学习。例如模拟政协社团活动融合了政治、法律与历史的知识,设计广告的项目则融合了语文、心理与传媒的知识。因此可以说项目化学习为跨学科教学提供了可行的路径。

（三）为学生拓展实践提供证明

学生的校园生活是丰富多彩的,他们的校园活动也不仅限于参与完成学业活动。丰富的社团活动、有趣的体育竞赛、富有意义的社会实践都为学生发展能力、塑造人格做出了贡献,然而这样的成长因未能显示在学业成绩单上而被埋没与忽视。作为教育者应对这些处于学业外但对学生成长可以产生影响的途径给予重视,对于学生做过的活动、完成过的项目给予证明。因此学校会为完成社团项目的学生颁发项目证书,并根据学生在项目中的表现与

---

① 陈琦,刘儒德.当代教育心理学[M].北京：北京师范大学出版社,2007.

成果给予合格或优秀的不同评价。为学生颁发认证证书一方面可以让学生在参加高校综合面试时能够出示其所经历过的社团活动的相关证据；另一方面也是为了激励学生认真完成社团活动项目而提供可理解可执行的具体目标（获得优秀评价），让社团活动充分发挥其应有的育人作用，使学生获得在学科教育之外的成长。

三、今后展望

《关于深化教育教学改革全面提高义务教育质量的意见》明确指出，"探索基于学科的课程综合化教学，开展研究型、项目化、合作式学习"。[①] 同时《上海市义务教育项目化学习三年行动计划》将项目学习作为推进义务教育教与学方式变革的重要手段。[②] L - IBDP 在实施教育的过程中无论是在学科课堂教育还是在社团活动中都会大量的应用项目化学习的内容，为学校探索推广项目化学习至平行班提供了经验与材料。同时若要全面推行项目化学习可能会遇到以下问题：

第一，实现项目化学习比传统授课制教育需要花费更多时间。项目化学习是基于问题展开，引导学生构建知识体系，形成学习成果的过程。但对于高中阶段每个学科庞大的知识量而言，项目化学习所需的课时安排不仅多于传统教育，学生的学习成效与构建的知识体系也难以把控，需要教师反复引导与修正，因此若将学科知识完全转化为项目化教学的形式可能会严重拖慢教学进度。

第二，项目化学习不利于教授完整学科知识体系与串联知识

---

① 中共中央国务院.关于深化教育教学改革全面提高义务教育质量的意见[EB/OL].http://www.moj.gov.cn/news/content/2019 - 07/08/xxtt_3227830.html,2019.

② 上海市教育委员会.关于印发《上海市义务教育项目化学习三年行动计划（2020—2022 年）》的通知[EB/OL].http://edu.sh.gov.cn/xxgk_ghjh_zxgzjh/20200925/1c51f3cbef1346698620f9152726c86b.html,2020.

间逻辑。项目化学习是围绕项目问题展开的,这就意味着在知识构建的过程中存在着对知识点的取舍,这使学生忽视对一些难以对问题解决产生帮助但又是大纲所要求学习的知识点的学习,不利于学生构建完整的学科知识体系。同时也因为问题驱动的特点,知识点之间关系的串联应用被局限在问题情境下,可能出现对知识点之间的联系概括不足、理解不透的现象。可以考虑将理论教授与项目学习相互结合,完善理论教学的同时培养学习能力。

第三,教师对项目化教学的适应与培训问题。由于项目化教学在教学形式、教学内容、学生参与程度与评价方式上与传统教育有诸多不同,这会给长期实施传统教育的教师带来认识、经验、技能的全方位挑战。若要教师掌握并适应这种教学方式需要长期的培训与大量的实践才能够实现,因此推广项目制不仅需要安排长效的教师专项培训,还需要给予教师足够多的实践机会,同时制订与之相适应的管理与研究机制,才能保障项目化教学长期稳定地顺利进行。

第四,缺少与项目化学习相匹配的评价体系。项目学习的评价通常是结合学生参与项目时表现的过程性评价和学生所展示作品的总结性评价,形成最终的综合性评价。L-IBDP课程具有完整的过程性评价与总结性评价体系,同时也具备融合外部评价与内部评价的综合机制,可以作为平行班项目学习评价设计的参考材料,学校可以在此基础上进行本土化开发设计,形成具有校本特色的项目化学习评价体系,更好地帮助学生获得成长。

小结

L-IBDP课程的各项机制环环相扣,形成完整的教学机制体系。选课走班制与学分制帮助学生获得更多学习主动权,可以尽情地选择 L‐IBDP 课程中自己感兴趣并期望能学有所成的科目，这可以激励学生为自己的人生道路谋发展，主动规划自己的人生。与此同时，生涯导师制可以从心理、生活及发展等方面给予学生专业的建议与帮助，这会促进学生自主规划未来的发展路线。项目制则可以让学生模拟体验真实的学术研究，帮助学生掌握专业技能，培养学习习惯，形成专业发展所需要的素养与能力，这些学习成果能够使学生在自我规划的发展道路上走得更顺畅。

后　记

　　我国早在 20 世纪 80 年代就制定了较为全面的素质教育纲要,2010 年启动新一轮课程改革,2016 年又跟随国际潮流发布中国学生核心素养总体框架。然而时至今日,学生学业负担和校外培训问题依然较为突出,核心素养的培养方式仍待探索。

　　上海交通大学附属中学于 2011 年引入 IBDP 课程,为国际课程在我国高中教育的本土化实践提供经验。随着 IBDP 渐入佳境,更引发了我们对当前国内高中教育问题的深入反思。作为上海首批实验性示范性高中,我们深感有义务创新开发一套适切我国实际的、培养国际化人才的本土化国际课程。L－IBDP 即由此而来,我们由衷期盼它不仅能实现学校的办学理念、育人目标和发展期望,使教育目标和课程设置适应社会发展和学生需求,还能在一定程度上丰富我国课程改革实践,为国内普通高中课程建设和育人模式的研究与改革提供范例。

　　2015 年 12 月至 2017 年 12 月,上海交通大学附属中学开展了"借鉴 IBDP 课程结构,完善校本课程体系"的课题研究,通过反复琢磨和试点研究,上海交通大学附属中学创造性地建构出以深度学习为中心的 L－IBDP 课程体系。我们希望该课程体系可以有力推动学生主动学习、深度学习、协同学习、体验学习、混合学习,让学习更为真实地发生,实现核心素养和健全人格的塑造,帮助学生自主成长为具有国际视野、本土情怀、勤于思考、乐于探究、懂得关爱、敢于创新的国家栋梁,为中华民族的伟大复兴事业添砖加瓦。

2018年12月至今,在徐向东校长的带领下,课题组加速推进L-IBDP课程的实践和教研。通过研究与实践的交互浸润,L-IBDP课程取得质的突破,广受师生欢迎,本书稿亦水到渠成。这些成果与课题组和全体教师的共同努力密不可分。

当然,上海交通大学附属中学今后仍需在校本课程建设思想和课程架构上不断总结和优化。学校将继续秉持"自主探索、相互激发"的育人方式,完善L-IBDP的实践模式,积蓄饱满的热情和力量,更有信心迈向下一个新的十年。

参考文献

［1］ 核心素养研究课题组.中国学生发展核心素养[J].中国教育学刊,2016
     (10)：1－3.

［2］ 国际文凭组织.什么是国际文凭教育？[EB/OL]. https://ibo. org/
     globalassets/digital-toolkit/brochures/what-is-an-ib-education-cn. pdf.

［3］ 徐鹏,夏惠贤,陈法宝.IB 国际课程：理念与行动[J].外国中小学教育,
     2015(02)：54－58.

［4］ 中华人民共和国教育部.基础教育课程改革纲要(试行)[EB/OL].
     http://www.moe. gov. cn/srcsite/A26/jcj_kcjcgh/200106/t20010608_
     167343.html,2001.

［5］ 中华人民共和国教育部.关于深化考试招生制度改革的实施意见[EB/
     OL]. http://www. moe. gov. cn/srcsite/A26/s8001/201801/t20180115_
     324647.html,2014.

［6］ 中华人民共和国教育部.中小学综合实践活动课程指导纲要[EB/OL].
     www. moe. gov. cn/srcsite/A26/s8001/201710/t20171017 _ 316616.
     html,2017.

［7］ 国际文凭组织.国际文凭大学预科项目指南[EB/OL].https://www.ibo.
     org/globalassets/digital-toolkit/other-languages/dp-introduction-2015-
     zh.pdf.

［8］ 徐鹏.IB 国际课程研究[D].上海：上海师范大学,2015.

［9］ 金添.国际文凭项目学生评价研究[D].北京：北京师范大学,2008.

［10］ 谢益民.国际文凭项目的学业评价特点及启示[J].外国中小学教育,
      2007(08)：41－43＋40.

［11］ 中华人民共和国教育部.关于全面深化课程改革落实立德树人根本任
      务的意见[EB/OL].http://www.moe.gov.cn/srcsite/A26/jcj_kcjcgh/

201404/t20140408_167226.html,2014.

[12] 中共中央国务院.关于新时代推进普通高中育人方式改革的指导意见[EB/OL]. http://www. gov. cn/zhengce/content/2019－06/19/content_5401568.htm,2019.

[13] 中华人民共和国教育部.关于印发普通高中课程方案和语文等学科课程标准(2017 年版 2020 年修订)的通知[EB/OL]http://www. moe. gov.cn/srcsite/A26/s8001/202006/t20200603_462199.html,2020.

[14] 中华人民共和国教育部.关于普通高中学业水平考试的实施意见[EB/OL]. http://www. moe. gov. cn/srcsite/A06/s3732/201808/t20180807_344610.html,2014.

[15] 程可拉,邓妍妍.美国国际文凭项目述评[J].外国教育研究,2006(07)：41－44＋63.

[16] 上海市教育委员会.上海市中小学 2020 学年度课程计划及其说明[EB/OL]. http://edu. sh. gov. cn/xxgk_jyyw_jcjy_2/20200825/b4467c88e57f463a9e11ec6603fc4d06.html,2020.

[17] 中共中央国务院.关于深化教育教学改革全面提高义务教育质量的意见[EB/OL]. http://www. moj. gov. cn/news/content/2019－07/08/xxtt_3227830.html,2019.

[18] IBO. IB learner profile booklet [EB/OL]. https://www. ibo. org/contentassets/fd82f70643ef4086b7d3f292cc214962/learner-profile-en.pdf,2013.

[19] OECD. Assessing scientific, reading and mathematical literacy[EB/OL]. https://read. oecd-ilibrary. org/education/assessing-scientific-reading-and-mathematical-literacy_9789264026407-en,2006.

[20] IBO. History guide first examinations 2020[EB/OL]. https://cpb-us-e1. wpmucdn. com/share. nanjing-school. com/dist/d/75/files/2019/08/History-Guide-2020.pdf.